〈つながり〉を創りだす術

続・対話で創るこれからの「大学」

監修
大阪大学COデザインセンター

大阪大学出版会

序奏　人と人、問題と問題、知と知の〈つながり〉

大阪大学ＣＯデザインセンターが、二〇一六年七月に発足してから、三年半が経ちました。

大学では一般的に、学部や研究科という縦の専門性の中で教育が行われますが、わたしたちＣＯデザインセンターが提供する教育は、さまざまな専門を持つ教員や学生が一堂に会し、共に考え、問題を発見・再定義し、解決の方法を見いだしていく横断型の教育です。時にはその学び方自体についても、専門の枠を超えて共に考え、人類が直面する多くの課題に対しての新しい「構え」を身につけられるような教育の場づくりを目指してきました。

ＣＯデザインセンターの英語名称は、Center for the Study of Co＊Design です。この「co－star」のスター、つまり記号の「＊（アスタリスク）」にはさまざまな綴りが入り、単語を形成します。Communication（対話）、Collaboration（協働）、Compilation（編集）、Co－creation（共創）、Concerto（協奏）がその代表的なものであり、ＣＯデザインセンターの教育は、これらのコンセプトのもとにかたちづくられています。

ＣＯデザインセンターが実際に行っている学部生・大学院生向けの教育プログラムについてもう少し紹

介してみたいと思います。

ＣＯデザインセンターが提供する教育プログラムは、五つの「術」で構成される基礎プログラムと二つの「術」で構成される発展プログラムから成り立っています。

基礎プログラムは、「訪問術」「対話術」「表現術」「リテラシー」「協働術」の五つの「術」から構成されます。

訪問術の授業で学生は、研究室、専門、大学、自文化という「ホーム」「所属」から一歩踏みだし、隣の人、異領域、外部、他者と出会い、交流します。また対話術の授業では、ことばを通して互いに違いを見つめ、その違いの意味するものをシェアしていくことを経験します。それらを踏まえつつ表現術の授業では、ことばと感性にまたがる多様な表現活動に参加することで、ともに経験を耕し、それを新しいかたちとして創造することを学びます。

また、リテラシーの授業では、文字、知識、文化、教養をじぶんたちの手で書き直し、編集し、言語表現や情報のほか、さまざまなメディアを活用して社会に働きかけ、わたしたちの〈つながり〉を編み直す活動にも触れます。そして、協働術の授業では、マイノリティ、地域コミュニティ、多文化共生、環境・科学技術政策形成ほか、さまざまな現実の社会課題の一端に触れつつ、こうした社会の〈つながり〉を動かす経験をします。

最終的にはこの五つの術の獲得を通じて、分野と領域を超えて複数のプレーヤーでの社会課題の理解と解決に向かうための「基礎的な力（汎用力）」を修得することを目指しています。

発展プログラムは、「横断術」と「総合術」の二つの術から構成されます。発展プログラムでは、専門のあいだ、社会課題のあいだの〈つながり〉を具体的なかたちにすることを通じて、複雑な社会課題の解決に向けて、協働し実装する力を修得することを目指しています。

横断術の授業では、専門知と汎用力（例えば対話術や協働術）を結びあわせて、実践するスキル、すなわちトランスファラブル（転用・応用可能）なスキルを見出し、その習得向上を目指します。また、総合術の授業では、知と知、知と実践、実践と実践の〈つながり〉を認識し、そのなかを自由自在に動きながら問題の本質をつきとめ、その解決のために新しいつながりを創りだすことを通して、社会にポジティヴなインパクトを与える価値を実現していきます。

この「訪問術」の授業では、マイノリティの課題に取り組む方との対話を通じ、自分自身を見つめ、感じたことをシェアすることを経験した。

「表現術」の授業では、ことばと感性にまたがる多様な表現活動に参加する。演劇やダンス、音楽をテーマとする授業がある。

「横断術」の授業では、社会課題について議論することをとおし、専門知と汎用力を結びあわせ、実践できることを目指す。

ＣＯデザインセンターの教育が目指していることは、多様な人びとが対話に参加し、潜在的な多様性を意識化していきながら、人と人、問題と問題、知と知の〈つながり〉を認識すること、そして、それぞれが〝プレーヤー〟として課題について協働し、社会においてポジティヴなインパクトを生みだすことです。学部から大学院まで一貫して導入する〈高度教養・高度汎用力〉の教育を通して、〈つながり〉を生みだすことができる人びとの育成と教育環境の創出に取り組んでいます。

それらの教育プログラム開発の一環として、ＣＯデザインセンターでは、〈高度教養・高度汎用力〉の教育のあり方について、大学の中だけに閉じず、開かれた場所で、さまざまな方々と対話し、イメージを共有しながら、新しい教育のかたちを考え続けてきました。その実践のひとつが、各界の第一線で個性あふれる活動を展開するゲストと、大阪大学の教員による公開対話〈ナレッジキャピタル超学校「対話で創るこれからの『大学』」シリーズ〉です。二〇一六年度に行った対話の内容は、『対話で創るこれからの「大学」』として大阪大学出版会より上梓しました。

本書はその続編として行った対話の内容を綴ったものです。人と人、問題と問題、知と知の〈つながり〉を創りだす術をめぐる対話が、これからの大学教育のあり方、ひいては日本社会における学びのあり方を考えようとする読者のみなさんの参考になりましたら幸いです。

二〇二〇年二月

大阪大学ＣＯデザインセンター

〈つながり〉を創りだす術

――続・対話で創るこれからの「大学」――

目次

序奏　人と人、問題と問題、知と知の〈つながり〉—— i

第1楽章　既存の価値を「とらえなおす」—— 1

1　価値をわたしたちのものにする　大西景子・ほんまなほ　3

2　あたりまえを疑って本質に迫る　中台澄之・山崎吾郎　27

3　「視座」を変えてみえる世界　小川勝章・平田オリザ　51

間奏　二頁だけの読書会「対話で創るこれからの『大学』」—— 八木絵香・水町衣里　75

第2楽章　答えのない課題に「向き合い続ける」――85
1　「わからないこと」を楽しむ　竹内慎一・橋本幸士　87
2　異なる文化のあいだに立つ　山田小百合・辻田俊哉　115
3　「できない」を「できる」に変えていく力　広瀬浩二郎・渥美公秀　143
終奏　「高度教養教育」のあり方をめぐって――ほんまなほ・山崎吾郎・八木絵香　173
「おわりに」にかえて　八木絵香・水町衣里　211

本書は、グランフロント大阪の中核施設「ナレッジキャピタル」が企画・主催する「ナレッジキャピタル超学校 大阪大学COデザインセンター×ナレッジキャピタル「対話で創るこれからの『大学』」全6回、および、「ナレッジキャピタル大学校」(二〇一八年四月)にて実施した講義「二頁だけの読書会」の記録(対話の内容や写真など)を元に構成したものです。

第1楽章

既存の価値を「とらえなおす」

価値をわたしたちのものにする

対談者　大西景子（BOX&NEEDLE 代表／ラーニングデザイナー）
ほんま なほ（大阪大学COデザインセンター 准教授）
司　会　八木絵香（大阪大学COデザインセンター 准教授）

わたしたちの社会はさまざまなモノを売り買いすることで成り立っています。どんなモノを買い、どう使うかは、個々人の価値観に基づく暮らしと密接に関係しています。ところが、使い捨てが日常となった現代の消費社会は、自分に合ったモノを選んだり、自分にとって使いやすいモノへと工夫することをなくす方向へと向かっています。そんな時代に抗して「紙箱で何ができるか」を考える老舗の紙器工房主と「対話で何ができるか」を考える臨床哲学者が、ワクワクさせる箱づくりや対話がわたしたちの暮らしや心にもたらす変化や、自分なりの価値を見出すことの意味、その可能性について考えました。

対談者プロフィール

大西景子［おおにし けいこ］

こどものミュージアムにて、ワークショップの開発を行う。独立後、企業向けワークショップのオーダーメイドデザインを行う。個人事業の傍ら、100年続く家業の貼箱工房の4代目として、2009年に世界初の箱のブランド「BOX&NEEDLE」を立ち上げ、東京・二子玉川と京都に直営店がある。世界中のクリエイターとオリジナルの紙の開発を行うほか、伝統工芸を次世代につなぐ箱作りワークショップは1万人以上が参加。世界各地でワークショップや講演を行う。著書に『BOX　&　YOU　箱をたのしむ本』（ビー・エヌ・エヌ新社）、『切る貼るつくる箱の本 ～BOX&NEEDLEの工夫を楽しむ箱づくり～』（マイナビ）。

ほんま なほ

臨床哲学を専門に、哲学プラクティス、対話、こどもの哲学、フェミニズム哲学、多様なひとびとが参加する身体・音楽表現についての教育研究を行う。著書に『ドキュメント臨床哲学』、『哲学カフェのつくりかた』、『こどものてつがく』（共編著、大阪大学出版会）ほか、『アートミーツケア学会叢書』（アートミーツケア学会編、たんぽぽBOOK STORE）を監修。

司会　二〇一七年度は「とらえなおす」というテーマで三回の対談を企画しています。この「とらえなおす」というテーマにはいろいろな解釈があると思います。世の中にはいろいろな問題、もしくはいろいろな知識や専門分野がある中で、それを今語られている形だけではなく、別の見方とか別の角度、もしくは別の場面で別の分野の人といっしょに異なる見方をすると、その問題や知識を別の形でとらえなおすことができるんじゃないかというのが今回の企画のコンセプトです。

本日は、ＢＯＸ＆ＮＥＥＤＬＥというブランドをたちあげられた大西景子さんとＣＯデザインセンターのほんまなほさんの対談という形で進めていきたいと思います。第一回目のテーマは「価値をわたしたちのものにする」ということで、まず大西さんにご自身の活動をご紹介いただくことから始めたいと思います。

大西　はじめまして。私は京都で一〇〇年間ずっと箱をつくり続けてきた貼箱工房の四代目になります。何の箱をつくっているかというと、扇子やお菓子、陶器といった京都の文化を包むための箱です。

箱というとやっぱり中身が主役で、中身を取り出してしまった後の紙箱は捨てちゃう方が多いかもしれないですけれど、その運命をどうにか変えたいと思って着目したのが、この「空っぽ」の可能性でした。空っぽということは、自由に感じ取って解釈できるという余白があります。あと、それぞれの生活スタイルにあわせて用途を編集できる。つまり人によって使い方を変えられます。自分で使い方を再構築できるような優れた生活リテラシーを持った人たちを、箱で育成ができるのではないかと思って立ちあげたのがＢＯＸ＆ＮＥＥＤＬＥという箱のブランドです。お手元にちょっと紙を配らせていただきましたが、今、世界一七カ国の紙を選び抜き、それを箱に仕立てて販売しています。

この箱（写真1）には貼箱という名前があります。と言っても、なかなか知っている方がいらっしゃらないんですけど、貼箱は漆塗りなどと一緒で、日本の伝統工芸の一つです。ですが、今までスポットが当たったことがないため職人さんがいることも知られていないし、伝統工芸品であること自体を知らない方も本当に多く、正しい価値が伝わってこなかったということが反省点としてあります。

そこで、箱に対する新しい価値観をつくりたい。箱を主役にして、つくるなら世界で一番きれいな捨てられない箱をつくろうと思いました。一方で、単に箱をつくって売るのではなくて、箱で何ができるかを考えました。日本の伝統工芸というと、日本の文化を発信しようというブランドが多いと思うのですが、私たちは世界の良いものを日本の技術にのせて一緒にさらに良いものにしていきたいという想いでやっています。ですから世界中のものづくりの現場から知恵や工夫を学んで、それぞれの土地で生まれた文化をどうやって循環させていくかを考えています。

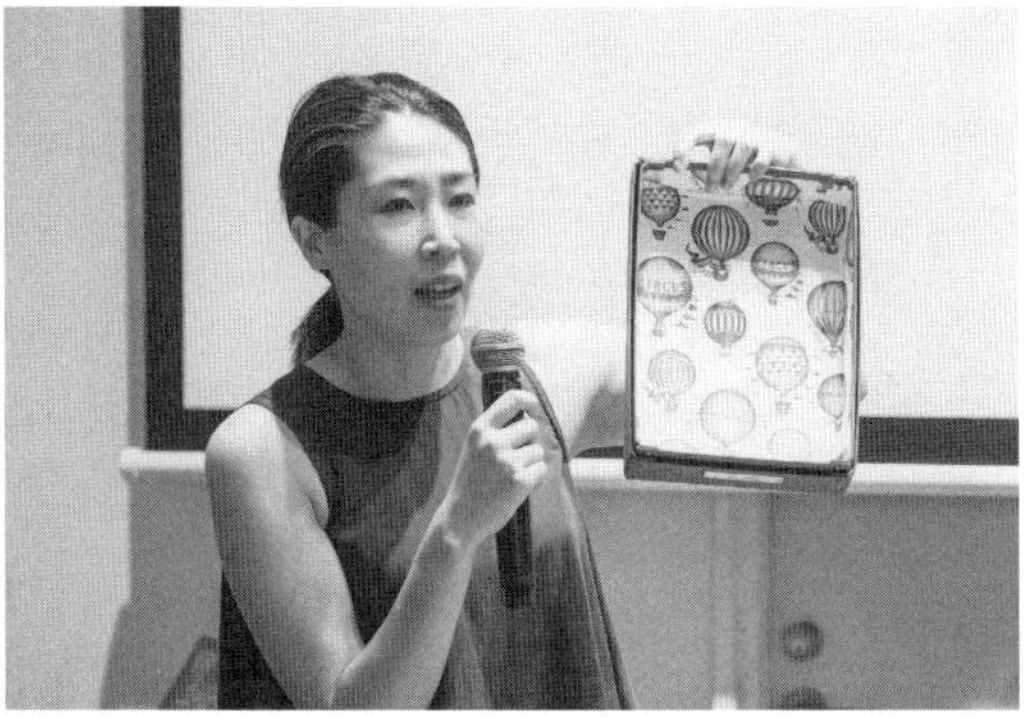

写真1：BOX&NEEDLE で扱っている貼箱の一つ。「PUNCTUM」という名称のお道具箱。

司会　そのような全体像のもとで、実際にはどのようなことをされているのですか。

大西　箱の販売はもちろん、世界の国々の紙の買い付けと同時に、オリジナルのペーパーをつくっています。世界中のクリエイターの方とコラボレーションして紙をつくって、それらの紙

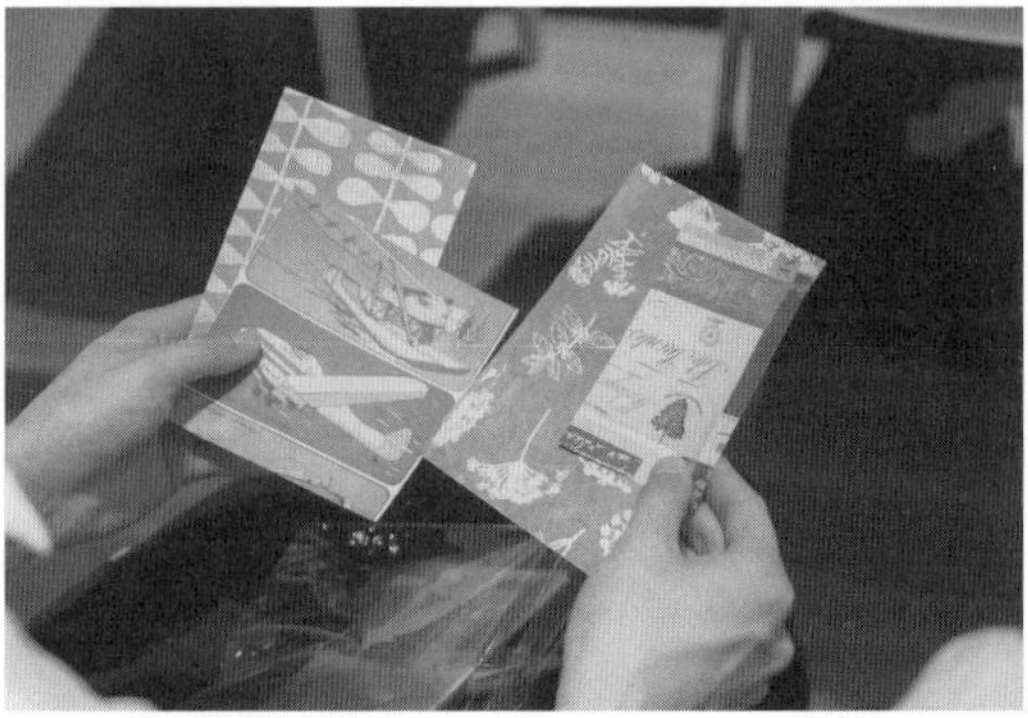

写真２：会場で配られた端切れの紙。参加者は柄や色、手触りを楽しんでいた。

を使い、箱作りのワークショップをしています。

ポイントになるのはワークショップですね。ちょっと皆さんのお手元に回っている紙を見てもらってもいいですか（写真２）。その中から一枚、差し上げるので選んでください。「差し上げる」と言うと、皆さん、触ったり、より真剣にご覧になっていると思います。ワークショップというと、アイスブレイクだったり何か手順をふんでやっていくものと思われがちですが、たとえ一分でもワークショップ的なことってできると私は思っていて、今のように紙をただじっくりと見たり手触りを感じることで感覚が変わったりすることが、一番の学びになっていると思います。またワークショップに限らず、どういうふうに価値観を変えていくかとか、感覚をいかに一瞬で変えるかとかを考えて取り組んでいます。

司会　ほんまさんもいろんなワークショップや活動をなさっていますね。

ほんま　私のやっている仕事は大西さんみたいにキラキラとした話では全くなくて、すごく地味なんですけれども、一九九八年ぐらいから「臨床哲学」といって、本を読むことをメインとするのではなく、小さい子どもたちも含め、いろいろな人とおしゃべりすることをここ二〇年ぐらい延々と続けています。

例えば二〇〇〇年には「哲学カフェ」というイベントを初めてやりました。今、皆さんは「対話」という言葉を聞いてもそんなに違和感はないですよね。今はカフェイベントも当たり前になっているのですが、私が臨床哲学を始めた当時は「対話って何ですか」と聞かれることも多くて、喫茶店やカフェで「哲学カフェをさせてほしい」とお願いしても、なかなか理解されず会場探しには本当に苦労しました。

それで最初、なかなか日本ではできなかった対話を、海外の調査から始めました。例えば、ハワイにはいろいろな文化的なルーツを持つ人たちが暮らしていて、それだけでも多様な話し合いができました。中南米に行きますと非常に貧しくて、ブラジルの子どもたちは町から出たことがないし、唯一の交通機関であるバスにもほとんど乗ったことがない。海岸から五キロぐらいしか離れていないのに海を見たことがない子どももいます。そんな中で私はポルトガル語が全くできないので、とりあえずウクレレを持っていって一緒に遊びました。対話といっても、言葉だけに限りません。子どもたちと活動するときは、楽器とか絵とか絵本とかできるだけいろいろなものを持ち込みます。

よく「どんな方法で対話するんですか」と聞かれるのですが、決まった方法はありません。日本の小学校で私たちの仲間がやっている授業では、最初の集まりのときに毛糸でボールをつくるんです。それは儀式みたいなもので、「最近体験したうれしいことは」といった簡単な質問をポンと投げかけ、子どもたちはそれぞれ順番に話し、終わったら毛糸を巻いては次に回す形で、みんなで毛糸を巻いていきます。それはディスカッションとか議論ではなくて、一人一人順番に話し、それをみんなで聞く。本当にそれだけのすごくシンプルな対話です。

司会　ほんまさんは大学の中や外のさまざまな場所で対話を実践されていますね。

ほんま　大学の場合は、COデザインセンターの前身のコミュニケーションデザイン・センター(注1)で行われていた対話型の授業やイベントを学生さんたちとやってきましたし、オープンな場所での対話も京阪電車なにわ橋駅構内でのカフェイベント（注2）をはじめ、いろいろやってきました。

哲学カフェというのはもともとフランスで始まった、誰でもコーヒー一杯で参加でき、そこでは聞いているのもよし発言するもよし、といった自由な雰囲気の空間を前提にしたヨーロッパ型の対話空間です。私もそういったオープンな哲学カフェ形式をたくさん開いてきました。一方、最近はそれとはちょっと違って、セミ・クローズドの空間で何回も対話を重ねていく中で「初めてこのことが話せた」とか「ずっと考えていたことはこのことだった」といった話をじっくりと聞きあえるための対話の場づくりにシフトしていっています。

哲学の基本は質問することです。質問を通して人の心の中に分け入っていくというか、共通の問題や苦労を探していって、最終的にはなぜそうなのかを考えることを出口にしています。その入口がすごく大事で、改まった場所でつくられた言葉を話すのではなくて、自分の中から出てくる言葉を大切にします。また、自分の中から出てくるものを大切にするために例えば楽器を思うがままに鳴らして音の楽しみ方を創造してみるということもしたりします。楽器はこう演奏しなければならないとか、音楽はこうでなければならないとか、既成概念をはずして表現を楽しんでいく。そういう形のワークショップもやっています。

価値を自分のものにするための手法

司会　お二人のお話には、共通するところや、つながるところがありそうですね。お互いの活動にインスピレーションを受けたところはありますか。

ほんま　私はピンクが大好きなので、パンジーっていうピンクの花柄の扇子をＢＯＸ＆ＮＥＥＤＬＥのウェブサイトで買ったんですけれども、届いたものはパソコンの画面で見たビビッドなカラーとは違ってすごく奥行きがある色合いでした（写真３）。しかも普段私も育てているパンジーの花がこんな奇抜なデザインとして蘇るのもおもしろいと思いました。

写真３：BOX&NEEDLE のオリジナルペーパーでつくられた扇子。

大西　この柄は結構ポップで洋風に見えると思うんですが、実は素材は和紙です。友禅の工房の職人さんが一枚一枚顔料で刷っています。手描きのものを版に起こして刷ってもらっていて、白い部分は刷っていないんですが、職人さんは余白を残して刷ることがすごい気になるみたいです。でも描かない部分があるから柄が生きることもあるので、そういった意味でも、お互いにコラボレーションしあっている感じです。

ほんま　伝統的な刷り方としては、刷らずにおく部分をつくることはないんですか。

大西　そうですね、友禅和紙は版を重ねて刷り合わせていくため、白い部分には白のインクをのせてみっちり埋めるというのが、職人さんの中では当たり前のことですが、私たちは素の和紙の感じが素敵だなと思ってあえて余白を入れているので「インクがのってないけどいいの？」って何回も聞かれました。

司会　そういうふうにあり得ないと思っていたものが売れたり、いい評判が返ってくると職人さんたちはどういうふうに感じていらっしゃるんでしょうか。

大西　うちの柄を刷ることを「すごく楽しい」って言ってくださっています。職人さんたちにとって友禅以外の柄を刷ることはまずないので、新鮮なのでしょう。

ほんま　つい図柄に注目しましたけれど、和紙という素材を空気に例えると、花は空気の中にあって呼吸するわけで、そういう意味での立体感が味わえることに今初めて気がつきました。

大西　絵の具が層になって盛り上がっている、その質感が貴重ですね。

司会　今の話は、見える人には見えているけど見えない人には見えないとか、見方を変えると見えてくるものがある、といった話に通じるような気がします。先ほど大西さんが紙を一枚差し上げるとおっしゃって皆さん真剣に見ておられましたが、それを色で見るのか、紙の質で見るのか、匂いで見るのか、人数がこれだけいるといろんな見方があって、その中で新しい見方や感じ方も生まれてくる。それはほんまさんが、子どもたちと絵を見ながら行う対話の中で違うものが生まれてくるプロセスと近いものがあって、お二人ともそれを楽しんでいらっしゃるのかなと思って聞いていたのですが、どうですか。

大西　私は初めて働いた西洋美術館で絵を見ながら話をする対話型鑑賞法（注３）という手法をずっと研究していたのですが、話が苦手な人も、ものを介して話をすると話しやすかったりするんです。例えばここに紙や箱があるだけで、それを媒介してより話しやすくなるし、勇気づけられる可能性をいつも感じています。

ほんま　対話型鑑賞法を試みられていたんですね。先ほど「お好きなものを一枚あげます」と言われたのは、すごくいいなと思いました。人間の考えや感性は、単独で生みだされるのではなくて、常に空気とか自然とか他者と一緒にありながら動いていくものなので、いきなりマイクを渡されて「ご意見どうでしょう」「どれが一番美しいでしょう」と聞かれても、すぐには答えられないのと同じですよね。

それに対して「一枚だけ持って帰ってもいい」と言われたら私も一所懸命選ぶと思います。そこで自分の地が出てくるわけで、それがすごくいいと思います。受け身ではなく主体的に参加して選び、自分のものにする。価値を自分のものにするためのやり方として、すごく考えられたものだと思います。

大西　選んでもらった紙を持って何でそれが好きなのかを話してもらうと、自己紹介をするよりもお話がしやすいですね。

ほんま　コミュニケーションがそこから生まれる。なるほど。

司会　ほんまさんだったらもっと違う表現をしてくださると思うのですが、それは「自分の言葉」で話すということに近いような気がします。借りてきた言葉や専門用語を使って鑑賞するのではなくて、自分の日常生活とか経験——うれしい経験も悲しい経験もセットで、自分の中から言葉を紡ぎ出すプロセスを大事にする。

ほんま　言葉ではより難しいと思います。人間って普段は自分の言葉であまり話してなくて、共通しているよく使われる言葉とかフレーズとかを交換しながら話しているんですけれど、その中で、実は自分はこういうふうに選んでいたんだと気づくだけで十分だと思いますね。

大西　自分が愛らしいと思って、加えて「これはネパールの紙で、防虫防かび作用もあって、手漉きで一

大西景子 氏

枚ずつ漉いたものを貼っている」というようなお話をすると、気持ちが入りやすいんですよね。

ほんま　単にこの色合いが好きとか、どう使いたいというだけではなくて、そこに価値というか、その人にとってなぜ大切と思えるかというストーリーみたいなものが生まれてくるわけですね。それはものすごくおもしろいと思います。

ワークショップの「学び」とは何か？

司会　大西さんはご自身のお仕事について、先ほど箱を単に「売る」のではなくて、箱で「何ができるかを考えた」とおっしゃいましたね。普通はいかに売るかを考えるわけですが、箱の可能性とか、箱とは一体何なのかとか、箱だからこそできることを考えたいというようなことをおっしゃっていたのが、今回のテーマに通じるような気がしています。そのあたりのお話をもう少し詳しく聞かせていただけますか。

大西　私、子どものワークショップをデザインする仕事を、家業を継ぐ前からやっていたのですが、どうもワークショップって実施したら終わる一回性のものでしかないような気がして、もう少し生活の中に浸透させるにはどうしたらよいかを考えてきました。

その中で、子どもにとって自分のお金を出してものを買うことはすごい体験で、購買空間自体が大きな学びの場ではないかと思うようになったんです。例えば、箱を目の前にして「何を入れようかな」とか「どういうふうに入れてあげようかな」とか直観で想像してワクワクする空間ってすごい学びの場になるのではないかなと思ってお店を始めました。

ほんま　新しい商売ですね。

大西　空っぽだから何を入れようかとか、私はこう使おうというふうに、箱自体の意味がどんどん変わっていったりする。それを見て、ワークショップに行かずとも買うという体験を生む空間自体が最高の学びの場で、自分でやっていて「箱屋さんって最高！」と思っています。

ほんまなほ 氏

ほんま　それは服が好きな私にとっての服屋さんと同じことかなと思います。服も箱と似ていて、脱いじゃったら単なる包みですよね。そこに人間が入ることによって服は完成するんですけれども、服の場合は自分のために服を買う、つまり自分が入る空間を買うわけですよ。だから単に商品を買うわけじゃなくて、すごく真剣に考える。

　もう一つ、お話に出た「学び」というのは何を学ぶんですか。

大西　いろいろな知識を得るというイメージを持たれるかもしれませんが、私にとってはいろんな想像をふくらませるということが学びです。

ほんま　その人がもともと持っていたものだけれども、それがさらに増えていくことでしょうか。例えば箱に何を入れるかあれこれ迷いながら考えること……。

大西　それで相手を喜ばせようとか思うと、一番素敵なんじゃないでしょうか。

司会　その「想像力」というのは、外から「こういうことできるでしょ」って言われて気づくものではなくて、箱とか洋服とか、何か具体のものと出会うことによっていろんな可能性をいっぱい考えられるもの。中にあるものを掘り起こすというようなイメージですか。

大西　そうですね。ですから箱自体のデザインも、見た瞬間に心のスイッチが入る、ワクワクするようなデザインをいつも考えようと思っています。

ほんま　ここにいろいろな箱をお持ちいただいていますが、箱の中に小さな小箱が入っていたりしますね。これらを見た瞬間、私も自分の持っているもので箱が埋まった状態とか、それを自分の生活空間のどこにしまったら一番いいだろうかとか、ついアレンジメントを考えていました。

大西　お店では本当に箱を目の前にして一時間ぐらい、皆さん悩んでいらっしゃいます。この箱もお好みでカスタマイズといいますか、全部自分仕様に柄を組み替えることができます。うちの箱は人の気持ちを入れられるというか、あげたい人を想像して「じゃあ、この人にはこういう柄であげよう」と考えたりできる。例えば、うちのお道具箱は全部柄や色が違うんです。

ほんま　一個一個、全部違うんですか。

大西　ええ、中も全部違いますので、一個ずつ開けて自分にしっくりくるものを選ばれる。

ほんま　なるほど。実際に中にものが入ったら、表情もまた変わってきますよね。

大西　そうですね。ですから皆さん人形とか入れたいものを持ってきて「入るかな」と言いながら試されたりもしています。

司会　ものだとイメージしやすいんですが、ほんまさんがやっている臨床哲学のワークショップでの「学び」というと、どういったものを使うのですか。

ほんま　ちょっと抽象的になっちゃうんですけど、私のやっている対話において、大西さんの箱にあたるものは何かというと「質問」です。昨日も京都大学の病院で、がん患者さんの語り合いの会をしていたんですね。患者会なので、普段しんどい思いをしている方が来られるんですけれども、自分のことについてばかり話すのではなく、聞き役に回ることもしていただきたいと思っていて、毎回ボールを回しながら共通の質問をふって話を進めています。

具体的に言いますと、「夏祭りの思い出、皆さんどうですか」みたいな季節に関連する質問をしています。普段は病気の話ばかりされているでしょうけど、実は皆さんずっと病気だったわけではなく、これまで生きてきた中に今の病気の部分があるわけですから、互いに経験のあることや理解しあえることを質問すれば一人一人順番に答えていけますし、私も話せます。京都でやっていますけれども、京都以外から来た患者さんもおられるので、ご自分の地方での子ども時代の夏祭りの話を互いに言い合うという感じでやっています。

大西　質問は、参加者の方が考えることもありますか。

ほんま　あります。そちらのほうがよりやりやすいですね。

司会　いろいろな病気の患者会やグループの集まる場所は世の中にいっぱいあって、例えば具体的なケアの方法だったり、家族をどう励ましたらいいかといった問題について患者さん同士でしゃべる場所はあるのでしょうが、そういうグループの中であえて全然違う問いを投げかけることにはどういう意味があるのですか。

ほんま　そうですね。もちろん、患者さんが共有したい情報を話してもいいわけですが、箱の話に近づけて言いますと、箱って実は商品じゃないと私は思うんですね。これは誰かのものになった瞬間から、何を入れて、家のどこに置いて、といった日々のルーティンの中に埋め込まれ、暮らしの一部になる。ということは、自分の一部になるのと同じなわけですよね。

病気もその人の人生の上では、ずっと変化しながら生活している大きな流れの中の一部に位置づけられ、人はそこを必ず通っていく。病気にまつわる経験がその人のストーリーの構成の要素になっているところにすごく意味があると思うんですよね。だから、病気を病気として語るのではなく、あくまでその人の生活の一部として語ることが重要になる。生活の意味に目を向ける必要があるんです。

箱を使うことも、語り合いの場も、意味をつくっていくという点では関連しています。ものであるか、ものでないかというところにとらわれる必要はなく、私たちの暮らしとか生活とか変化といったものを、たとえそれがしんどいものであったとしても、私たちがどんなふうに創造していくか、あるいはそれを維持していくかというところで関連していると思う。

大西　身のまわりのものというと、今は百均（百円ショップ）で何でも買えて、容れ物という機能さえ満たされればいいと思うところもあるけれども、自分が選んだものや大事にしたいものに対しては、その人の振る舞い自体が変わるんですよ。

子どもたちと一緒に箱をつくってみても、いつもはポーンとぞんざいに投げてしまうものも自分がつくった箱だったらちゃんと使おうとするし、ちゃんと使うことで長持ちするものになる。自分の意識が変われば、ものの寿命だって延びるし、関係性ももっと変わっていく。

ほんま　私も百均のものをよく買うんですけれども、大量につくられたものというのは、結局、ものに人間があわせていくことになっちゃいますよね。

私の所属するＣＯデザインセンターの教育や、もっと広く社会に照らして言うと、もう少し人間中心に戻したほうがいいと思う。人間中心になることで環境が破壊されたりすることもあるけれども、これほど物質化が進むと、この場を見てもマイクとかパソコンとか物理的なものに依存しすぎてそれに自分があわせてしまうんです。例えばマイクを使わずに、このようなある程度オープンなスペースでお互いの声が聞き取れるようにするためには、皆さんの座り方を変えてもらわないといけません。もう一度、この状況がどこでどうやってできているのかに立ち戻って探していく、そういう人間の知恵ってすごく大事だと思っているんです。

私、対話型のイベントでは、もちろん聞き取りにくい人や声が出にくい人のためには対策を考えますけれども、やっぱり肉声が届く範囲の話し合いの規模とか、人間の感覚の制約みたいなものの意味を考えていかないと、おっしゃるとおり使い方とか生活の質自体が逆に決められてしまいますよね。

この箱を自分のものにするためには、どこに置こうかとか、この箱を置くのに私の空間は相応しいだろうかとか、そういうことから全部考え直していくんですね。あるものを適当にすき間に置けばいいみたいなことではなくて、生活空間そのものにも自分がどう生きるかが影響する。だから買われる方は一時間も迷われるんだと思うんです。周りから見ていると優柔不断そうに見えるかもしれないけれども、すごく考えておられるんですよね。

司会　迷っているというより、想像しておられるんですよね。

大西　それが一番楽しい時間ですよね。

商売を超えた可能性のかけら

ほんま　「買う」ということが、たぶん今日のお話のキーワードの一つだと思うのですが、商売ってお金のやり取りをするわけですけど、大西さんがやっておられることは単なる商売ではなくて、考えておられることの一つの通過点ですよね。つまり価値とか生活のクリエイトを、ものの売り買いを通してやるという話で、例えば皆さんお酒とか調味料とか日用品を買うわけですけれども、そのお酒や調味料をどんな容器に入れるのかとか、それを使ってどんな料理をつくるのかといったことは全部、生活にすごく大事なことじゃないですか。だから大西さんのお話を聞いて「ああ、そうか、商売って原点に返ることなんだろうな」と思いました。

大西　ものを買ってもらうことだけではなく、ワークショップを軸にしていることが、お商売がうまくいっている（笑）要因かと思いますね。これはどういうふうに使えるかを考えてみることだったり、つくる楽しみだったり、自分だったらもっとこういうものをつくりたいと思える体験を一緒にすることで、紙や箱への興味を持ってもらって、ずっと好きで一緒にいてくださるような方が育っていっているのかなと思っています。

ほんま　ＷＯＲＫ＆ＳＨＯＰという名前でも、お店とワークショップをされているのですか。
大西　はい。今はものづくりの体験をしてもらうのと一緒に販売しているので、どちらかというと体験のほうに主軸があるような感じですね。
ほんま　それはどうやって考えつかれたのでしょう。
大西　はじめはうちの職人さんが実際に店頭で販売をする素材のお店にしようと思っていたんですね。でも、自分でもつくりたいという人が増えてきたので考えた手法です。
ほんま　そういうニーズがあるということなんですね。確かに紙は身近なものではありますが、買って帰っただけではどうしようかと思いますよね。
大西　そうなんです。「紙ほしいんやけど、これで何をしたらいいかわからへん」って、よく言われるんです。「でも、ほしいし、どうしたらいい？」って言われて、じゃあ、紙の使い方とか箱のつくり方を一緒に体験していただいて、そこから自分でつくり始めていただこうと思って。
ほんま　素材も売っていれば、お持ちいただいたような完成品も売っているんですね。
大西　そうですね。端紙がたくさん出るんですけど、それも「こんな端紙もらってもね」と思う方と「じゃあ、この端紙で何かをつくろう」とか「ノートの端にちょっとデコレーションしてみよう」と思う方がいて、やってみようと思って帰る人が増えるといいなと思っています。
ほんま　紙の身近さと同時に、素材としての紙の持つ力を感じます。
大西　紙は一番身近でかかわりやすいメディアだと思うんです。毎日文字や絵をかいているのも紙だし、切ったり折ったり一番加工しやすいのも紙です。ちょっと工夫するだけでランチョンマットにしたり用途もすぐに変えられる。それが一番の魅力じゃないですかね。

ほんま　紙って、人間にとってすごく古いメディアなんですね。

司会　大西さんにとって、お店をやっていく中で「こんなにも紙の可能性があるとは」と気づかれたのか、最初から「紙にはもっと可能性があるはず」と感じておられたのか、どちらでしょう。

大西　私は工房の隅っこで紙のかけらをずっと見ながら遊んで育ったので、もともと紙が好きで絶対捨てられないんです。紙は人をすごく楽しませることができる可能性のかけらだとも思っていますね。

ほんま　皆さんも記憶をたどっていけば大西さんにとっての紙にあたるものがたぶんあるかと思います。自分がすごく慣れ親しんできて、そこから可能性として何かやってみたいということが、言葉だったり音楽だったりいろいろな方向にある。事前に大西さんの子どもたち向けのワークショップの資料を少し見せていただいたんですが、紙のドレスをつくっておられるのもすごくおもしろいと思いました。

大西　自分がつくったものを身につけるって一番楽しい作業じゃないですか。布だったら縫ったりするのが大変だけれど、自分でデザインした紙の服でドレスアップして人に見せることができるのもいいでしょう？

見えているけど、見えないものの不思議

司会　今日のテーマに話を戻しますと、「価値をわたしたちのものにする」というタイトルはほんまさんがつけたものですが、結局、紙の服づくりの話も哲学カフェの話も、価値を自分のものにするプロセスと

して、自身の体験や経験とつなげる試みであるように思います。そもそもほんまさんはどういうことを言いたくて「価値をわたしたちのものにする」というタイトルを考えたのですか。

ほんま　その前提として、日頃いかに価値というものが私たちから奪われ続けているか、あるいは学ぶとか知るといったことがいかに図式的なものになっているかを考えたかった、ということがありました。本当の価値は与えられたりするものではなく、自分から出てくるものなんだということに気づくプロセスを考えてみたかったんですね。先ほど百均の話がでましたが、自分に合ったものを自分で選ぶとか自分でつくるという可能性を諦めて買うという選択をしたときから、もののほうに自分を合わせることになり、価値が自分から遠ざかってしまっているんです。それを自分に取り戻すためには、振る舞いを変えてみることも大事かなと思いますし、その手だてが芸術であったり技術であったりするのかなと思いますね。

大西　私もそう思います。教育や知識を積んで、自分がどう思うのかを自分で考えられるというのが一番のぜいたくだと思います。箱屋さんを始めたときも、「そんなの絶対売れない」って周囲から言われましたが、箱がこんな感じで認められていることを知ってもらうと、みんな勉強にこられるんですね。自分たちの思い込みが変わると、箱屋さん自体も変わっていっているということはありますね。

ほんま　箱屋さんが変わっていくとは？

大西　今まで空箱なんて売れないとおっしゃっていた方が、こんなに若い女の子に好かれて、高いお金を出してでもほしいと思ってもらえる価値がつくれるんだと実感されたのだと思います。

ほんま　今まで箱を売っておられたのに？

大西　箱を売っておられたんですが（笑）。

ほんま　そうか。そこで自分たちのしてきたことがいったん見失われてしまったわけですね。何でそうなっちゃうんでしょうね。

大西　職人さんは箱をつくること自体がゴールであり、ずっとその作業をすることが目的だったんですけど、箱をつくった先に喜ぶ相手が変わることもあるということを知ることで、自分たちの箱づくりをしようという意識に変わってきたんではないでしょうか。

ほんま　箱をつくる方は、自分がつくった箱がユーザーの中でどんな意味を持つのかがわからず、切りはなされちゃってたんですね。

大西　これまでの箱屋さんはお菓子屋さんとかに箱を卸すところまでが仕事で、その箱が行き着く消費者のところまでイメージをお持ちでなかったのだと思います。

ほんま　それまでの職人さんの世界では、与えられた枠内で最高のものをつくることになってしまっていたけど、もう一度大きな流れの中に自分たちの仕事を置き直してみたとき、いろんな可能性が見えてくるということを学んだわけですね。デザイナーでもないしプランナーでもないということは、大西さんは何をされている人なんでしょうね。デザイナーでもないし、ご自身ではどう思いますか。

大西　そうですね。何かをゴールに箱をつくるというよりは、箱というものを通して使う方の生活リテラシーの向上を目指しているといいますか……。ほんまさんであれば質問をすることで対話の可能性を広げるという、いわば言葉の余白のデザインをされていると思うんですけれども、それと同じことを箱でしているような感じでしょうか。

ほんま　私の場合は言葉の箱。似たもの同士ということですね。

今日は「価値」がテーマですが、価値というものは人が本来それぞれ持っている形がないものだから、貨幣みたいな共有できる形をポンと与えることができない中で、私たちはその形がないもの同士が出会う機会やプロセスをずっとつくっていると思うんですよ。価値は決して外部から規定されているものではないし、交換したりできるものでもなくて、本当に必要なもの同士が出会うことで初めて価値として発見される。それだけにすごく意味があるんじゃないかと思うし、コミュニケーションってそういうことだと思う。

司会　アーティストの方たちとのコラボレーションの極意もそういうことなのでしょうね。一方で、価値を探すとか読みかえるとか、言葉にするということでぼんやり共有できた価値を、プロダクトだったり、活動だったり、世の中の具体のものに落とし込むのはまた全然レベルが違う。価値が見つかってもできないことって多いじゃないですか。

ほんま　大西さんをすごいと思ったのは、ワークショップで終わらず、そこから購買につなげ、さらにいろいろな人につながっていくという、いい意味でのシステムをうまく構築されているということです。私たちのワークショップは、対話にしても音楽にしてもその場で消え去ってしまうものです。それはそこで終わりっていうのが私のポリシーなんですけれども、大西さんの場合は箱というものに物質化され、それがいろんな人につながって動いている。意図してそうされているんでしょうか。

大西　箱って本来ポータブルで移動するもので、さらに「開く」ということが一番の特徴。開くことで新しいものに出会ったり、買ったお客さんが誰かに渡したり、受け取った人がまた別の人に渡したり、お客さんとして戻ってきてくれたり、出会いと循環がとっても多いのがポイントです。

ほんま　私も小さいときから箱が大好きで、マッチ箱に自分で千代紙を貼って自分の箱をつくったりもしましたが、箱っていうものと人間との組み合わせのおもしろさといいますか、なぜ箱にここまで人間の欲求みたいなものを引き出す力があるのか不思議です。それって何だろうと思いますか。

大西　「中身が見えない」っていうことの魅力じゃないでしょうか。箱はもらったとき、開ける前の見えないときが一番うれしくないですか。

ほんま　なるほど。「見えているけど、中身は見えない」っていうところですね。箱というのは、何かをしまうだけの容器ではない。中身が見えないのがいいというのは、どういうことなんでしょう。

大西　何でしょうね。箱を開ける前って、何かが起こる可能性にワクワクしたりする。今から何にでもなれるというような気持ちかな。

ほんま　それは人間の心と同じですよね。人間の心って、半分見えていて半分見えてないからおもしろい。

対話していて、私はそう思います。すると、体もいい意味での箱みたいなものですね。体こそが人間の心をあらわしているわけですが、だからといって今見えている体がその人のすべてじゃなくて、箱みたいに開けてみないとわからないもの、それは心なんですよね。箱と人間にそんな共通点があるとは……。

司会　今日はすごい話になりました。どうもありがとうございました。

（注）

注1：コミュニケーションデザイン・センター

専門知識をもつ者ともたない者の間、利害や立場の異なる人びとをつなぐコミュニケーションの回路を構想・設計・実践する新しいスタイルの教育研究機関として二〇〇五年に創設。二〇一六年六月に活動を終了。その理念はCOデザインセンターに引き継がれている。

注2：なにわ橋駅構内でのカフェイベント

二〇〇八年一〇月に京阪電車中之島線が開業。以来、なにわ橋駅地下一階コンコースに「文化・芸術・知の創造と交流の場」となることを目指して「アートエリアB1」が開設され、平日夜を中心に哲学、アート、サイエンス、医療など多岐にわたるテーマでカフェイベントが行われてきた。

注3：対話型鑑賞法

一九八〇年代半ばに、アメリカのニューヨーク近代美術館で子ども向けに開発された美術の鑑賞法で、美術の知識をもとにせず作品を見た感想や想像などをもとにグループで話し合い、その対話を通して美術を鑑賞しようとするもの。日本でも二〇〇〇年前後から、教育普及プログラムの一環として美術館や学校教育などで取り入れられている。

2

あたりまえを疑って本質に迫る

対談者

中台澄之（ビジネスアーティスト／株式会社モノファクトリー 代表取締役／株式会社ナカダイ 常務取締役）

山崎吾郎（大阪大学COデザインセンター 准教授）

司　会

八木絵香（大阪大学COデザインセンター 准教授）

変化の激しい現代社会では、新たな技術やモノが次々と生み出されています。他方で、それらは十分にその機能や寿命を全うしないまま廃棄されたり、役目を終えてしまうことも少なくありません。それらは本当に「役に立たない」のでしょうか。廃棄物を「ゴミ」としてただ処分するのではなく、「素材」ととらえ直してモノの新たな価値や魅力の創造に取り組む企業家と、「臓器移植」や「空き家」の問題に取り組む文化人類学者。対象は違えど、「新たな命を吹き込む」という視点を共有するお二人の取り組みは、既存の世界観や価値観を見直すことから始まるといいます。そのための手法や実践について語り合いました。

対談者プロフィール

中台澄之［なかだい すみゆき］

東京理科大学理学部数学科卒業後、証券会社を経て、1999年に産業廃棄処分業「ナカダイ」入社。「発想はモノから生まれる」をコンセプトに、400種類を超えるマテリアルを常時展示・販売する「モノ：ファクトリー」を創設。企業研修、廃棄物に関する総合的なコンサルティング業務や、廃棄物を使ったイベントの企画・運営を手がける。著書に『「想い」と「アイデア」で世界を変える　ゴミを宝に変えるすごい仕組み　株式会社ナカダイの挑戦』（SBクリエイティブ）など。

山崎吾郎［やまざき ごろう］

大阪大学大学院人間科学研究科博士後期課程単位取得退学。博士（人間科学）。日本学術振興会特別研究員、大阪大学未来戦略機構（第一部門）特任助教、COデザインセンター特任准教授を経て、2017年5月より現職。専門は文化人類学。2012年より博士課程教育リーディングプログラム（オールラウンド型）超域イノベーション博士課程プログラムに関わる。著書に『臓器移植の人類学──身体の贈与と情動の経済』（世界思想社）など。

司会　今日は株式会社ナカダイの中台澄之さんと、文化人類学者の山崎吾郎さんのお二人を迎えてお話を進めていきたいと思っています。中台さんの会社はさまざまな廃棄物を扱っておられるのですが、同業のほかの会社にはないちょっと変わった取り組みをしておられるようですね。最初に中台さんのほうから、自己紹介をお願いしたいと思います。

中台　私の会社は廃棄物の処分業で、基本はたくさん入ってくる廃棄物をリサイクルするのが仕事です。工場は群馬県にあり、本社は東京都の品川区にあります。創業は昭和一二年なので、すでに八〇年を数えております。

写真１：群馬県前橋市にある株式会社ナカダイの廃棄物処理工場。提供・株式会社ナカダイ

われわれはゴミを扱っていますが、写真を見ておわかりのように（写真1）、廃棄物は基本的にパレットとか箱の中に入っているので動線はきれいですし、工場内には基本的にゴミは落ちていない状態です。次の写真では私が信号機の上に座っていますが、これも廃棄物です（写真2）。信号機は今ＬＥＤに変わってきているので、昔の信号機は山ほど廃棄されてきます。信号機の上に座ったことのある人はたぶんいらっしゃらないと思いますが（笑）、歩道橋だって何だって世の中に存在するものはどんなものも必ずいつか廃棄物になります。だから行った先々で、つい職業病が出て「この空間はどうやって設備の入れ替えをするんだろう」というような視点でものを見てしまいます。エレベーターとかを見ても、廃棄になったときに鉄くずとして扱うのではない別のおもしろい使い方はないか、いつも考え

ているんです。

仕事としては大きく三つあって、「リサイクル」と「リユース」と「モノ：ファクトリー」です。最大の特徴はリサイクル率九九パーセントというところです。大体毎日六〇トン弱、この会場いっぱいにしても五〇トンにはならないので、それ以上のものが工場の中に入ってくる。それを九九パーセントリサイクルするというのは、ゴミとして入って来たものが、加工によって九九パーセント以上売り物、つまりお金に生まれ変わっているということになります。

一方で、今の製品は日本で製造していないものが多く、海外でつくったものを海上輸送してきて倉庫に保管していたけれど、何らかの理由で結局廃棄になる場合が往々にしてあります。一般に想定される端材などはあまり出てこなくて「なんで捨てるの？」と思うような、まだまだ使えるきれいな状態のものが出てきているのが現状です。それら廃棄物は、全部われわれの会社で押し潰してリサイクルすることが可能なのですが「使えるものは使ったほうがいいよね」ということでリユースに回します。やり方は市場の競りと一緒です。

写真2：LEDへの移行により、次々と廃棄物になる従来の信号機。株式会社ナカダイの品川ショールームにて。提供・株式会社ナカダイ

司会　製品が、使われないまま廃棄されてしまうのはなぜですか。

中台　なぜ捨てられるかも実はおもしろいところで、例を挙げていけばきりがないのですが、私たちは非常に便利で、わがままな生活をしています。例えば、薬局に行けばいつでもシャンプーは

手に入る。いつでも手に入る生活というのは、裏を返せば、生産者が需要を予想して、少し多めに作っておくということをしているわけです。そのギャップ分は使われていなくても灰になってしまいます。また、例えば昔は書類を棚に保管していたわけですが、今はデータで保管するようになって書庫なんかいらない会社も出てきています。いわゆる時代の変化に伴って必要なくなったものが当然存在する。一方で、地方や中小企業だと書類で保管している会社も存在しますので、そういう会社が中古品を買っていく。その「つなぎ」をしています。

司会　「モノ：ファクトリー」というのは、どういうものですか。

中台　そもそも廃棄物処分業というわれわれの仕事は矛盾をはらんでいて、廃棄物の量×単価が売上げですから、会社を大きくしようとしたらもっと大量にゴミを集めなきゃいけないことになります。しかし大量にゴミが出るということは本来あってはいけないことですから、廃棄物を効率的にリサイクル処理することで収益を上げるだけでなく、廃棄物を丁寧に分別・解体して、新しい素材をつくったり、廃棄物の新しい魅力や価値を世の中に提供していくことも私たちの仕事じゃないかと解釈して、二〇〇八年頃から新しい取り組みを始めました。

例えば先ほどの古い信号機も、以前なら単にガラスと鉄の混合体という素材に分けてプレスの対象にしか見てなかったかもしれません。でも、「信号機ももうＬＥＤの時代だな」という感じで時代の変化を反映したものと見ると、産業の構造がおもしろく見えてきます。テクノロジーの発展は、生活をより便利にしたり省エネだったりと、良い効果もたくさんあるけど、古いモノを市場から退場させることにもなります。つまり、新たな廃棄物を生み出すことにもつながっているのです。モノの履歴――マテリアルプロフィールと私は呼んでいるのですが――に着目すると、廃棄物の素材としての魅力を発見できます。今その魅力をどんどん伝えていこうとしています。

一方で、モノの最後はいつかというと埋めたときです。モノって基本的には焼却して灰にして埋めるまでなくならないので、埋めるまでの距離をできるだけ延ばすことが環境上も必要ですね。延命させるためにはいろんな使い方を考えていかなければならないんですけど、そのための知恵を私一人だけではなく、いろんな人たちとコラボレーションして出していきたいと思って始めたのが「モノ：ファクトリー」です。アートやデザインなどの方々とワークショップを行ったりしています。

司会　ありがとうございます。すでにたくさん質問したいことがあるのですが、先に山崎さんに自己紹介をお願いします。

山崎　私の専門は文化人類学です。文化人類学って定義がしづらい、鵺《ぬえ》のような学問なんです。人間の社会には普段は当たり前だと思って全く意識もしないような暗黙のルールや仕組み、関係性がさまざまにあって、そういったもの――文化――が複雑に絡まりあって各々の社会やそこでの問題意識を成り立たせていると考えるのが、一つの大きな特徴です。私自身は、新しい医療技術を受け入れたときに、どういうふうに身体の感覚が変わるのかとか、社会の仕組みが変わるのかというところに関心を持ってこれまで研究をしてきました。

一番長くやってきたのは臓器移植に関する研究です。今回、中台さんとの対談を行うにあたって敢えて接点を設けるとすると、想像がつく方もおられると思うのですが、臓器移植には身体の一部分のリサイクル、リユースという側面があります。ただ、モノと身体は違う。何が違うかというと、例えば誰彼にでも自分の身体を提供することはできないですよね。先ほどの中台さんの話にでてきた「プロフィール」や「履歴」という言葉を借用させていただくと、身体には人の履歴が凝縮されているともいえます。その履歴は簡単に書き換えたり入れ替えたりできないので、身体のやり取りを通して履歴が交錯しはじめると、社会にものすごく大きな変化が生まれることになります。代替のきかない貴重なものをあげるわけですから、臓器移植は単なる物々交換や贈り物の話ではなくて、それによって人間関係や社会関係が新たに構築されます。そして、そういった新しい関係がつくられていくところに、実はモノをあげるということの決定的な要素もあるわけです。

一方で、身体をリユースするときのもう一つの極端なイメージとしては、例えば手塚治虫の「ブラックジャック」という漫画などにも出てきます。その中に登場する「ピノコ」というキャラクターは、臓器とか肉体とかいろんなパーツをつなぎ合わせてつくられた、創造物ですが、そのときそれぞれのパーツが誰のものなのかという来歴はあまり前面にでてきません。むしろ、パーツを組み合わせることで一人の人間をつくりだせるというイメージですね。

身体はその人の一部であるというとらえ方もできるし、逆に単なる部品の集合体というとらえ方もできるわけです。臓器移植に対するイメージもその両極の間を揺れ動いているので、リサイクルに例えることでわかることと、逆に、問題が浮き彫りになる部分も出てきます。そこで、身体って一体何なのかということを改めて考えなおす必要が出てきて、それが研究の出発点になっています。

司会　教育の取り組みについても少しご紹介いただけますか。

山崎　文化人類学の方法論に「参与観察」と呼ばれるものがあります。先ほど、社会には暗黙のルールや仕組みがあると言いましたが、それを知るために実際に当該社会に飛び込んでいって、活動をともにしながら経験を通して理解を深めていこうという調査の方法です。それと同じような考え方を、教育プロジェクト（注1）にも取り入れています。

例えば、今日本では人口減少に伴う地域社会の変化がさまざまな課題を生み出していますが、それらは大学で取り組むべき課題でもあります。例えばここに、すごく立派な民家なのに、空き家になって年数が経っているので住むにはずいぶん傷んでしまっていて、今手を入れれば何とかなるというような物件があります。この風景（写真3）を見てもわかるように、人口の少ない山間地域なのですぐに買い手がつくわけではない。でも地元の人はこの立派な家屋を何とかしたいという思いがあるのですね。そこで、何ができるのか、何をすべきなのかということが問題になるわけです。

写真3：利活用が期待されている空き家の例。立派な日本家屋だが、居住者がいないため老朽化が進んでおり、数年以内に使い手が見つからなければ廃屋となる。（京都市右京区京北地域（灰屋）、2015年5月現在）。撮影・山崎吾郎

そういった課題に直面して、学生たちはまずはとにかく現地に出向いていろいろ調べはじめます。「この家を何とかしたい」と言われたら、地元の人たちの集まりに入っていって「どういうふうにしたいんですか」とまずは話を聞いてみるわけです。それをもとに再活用のアイデアを出し合ったりもするのですが、調査が進むにしたがって、その地域において本当に有効で、そして可能なやり方は何なんだろうと、少し距離をおいて考えるようになっていきます。空き家の活用は、経済的な問題でもあ

るし、誰がそれを望んでいるのかといった個人の思いや期待の問題でもあります。カフェにしたら繁盛するという簡単な話でもないですし、本当にそういう使い方が地域の人びとにとって意味のあることなのか、いろいろな側面を考えざるを得ない。日本の各地をみればうまくいった先行事例もたくさんありますが、各々の地域にとって答えは一つではありません。そういった、非常に複雑で不確実性の高い問題を前にして、どうにか納得のできる方向性をつくり出していくということが、学生にとってまたとないリアルな学びの機会になります。そして、同時にそれは、現場への情報提供や具体的な提案にもつながる。そういう形のプロジェクトをやってきています。

「ちゃんと紐解く」ということ

司会　お二人の話の接点もいくつかキーワードとして見えてきています。「履歴」という中台さんの言葉に山崎さんも着目してモノと人間の身体を対比されていましたね。

山崎　モノの履歴という話はおもしろいと思います。空き家の話に引きつけて考えると、実際、空き家は世の中にたくさんあると言われています。一方で、あるようでないという話もあって、それはどういうことかと言うと、実質的には空き家だけれど、持ち主がいて、「手放したくない」とおっしゃる。その理由は、そこに仏さんがいるから。「一年にせいぜい盆と正月の二回ほど帰ってくるだけなんですけど、それでも「帰ってくるから空き家じゃないんだ」と言われる。すると、そういう家屋は借家や売り家として市場には出ていかないということになります。

一方で、人口が急速に減少している地域であっても、そういう場所に移住したいという思いを持っている若い人が結構いることもわかっています。私が関わっている地域でも、実は「空き家」として利用できる物件の数よりも、移り住みたいという需要の方が多いという状態です。地域振興を謳って新しい人に来てもらいたくていろんな活動をしているのに、肝心の住居の面でうまくマッチングできないでいるのは、モノをめぐる人間の思い入れや社会関係、執着みたいものがそこに出てきてしまうからです。それが古民家の問題の実に厄介なところです。そういう思い入れを切り離して譲り渡すことができれば新しい価値の創造につなげていきやすいのかもしれないですけど、そうはいっても人間には簡単に断ち切れないことがたくさんあるのだということは、社会を考えるうえで非常に重要な視点です。

山崎吾郎 氏

中台　空き家を廃棄物ととらえてしまうのもどうかと思いますけれども、いらなくなったモノって、とにかく情報が整理されていないのです。皆さんもたぶん新しいモノを買うときにはいろんな情報を目にされていると思います。でも、いらないモノの情報って実はないですよね。廃棄物を扱う私たちは「いろんな使い方をしたい」と思っているけれど、実際にはいつ捨てられるかという情報を前もって得られない。皆さん計画的にモノを捨てることはなかなかなくて、いらなくなった瞬間に捨てるからです。

これはすべての産業において同じ課題がこれから起こると思います。

中台澄之 氏

世の中のサイクルが早いと言われている中で、維持拡大する社会から循環を前提とする社会になれば、いらないモノはゴミではなくて「私が必要ない」だけなのです。ですから情報の整理をしないと、いらないモノがあっちやこっちにあふれた状態になってくるんじゃないか。

例えば空き家のことでいうとちょうど昨年、国土交通省が「空き家・空き地バンク（Ｚａｂ）」(注2)といって全国の空き家や空き地の情報を整備し、一元的に提供する試みを始めました。具体的に、なぜこれまでそうした情報が流通しないのかをちゃんと紐解いていくと、それは地元の不動産屋が物件情報を握っているからです。もちろん行政がその情報を持っていることもあります。だけど実際には、地元の不動産屋さんに個別にアプローチしないと、欲しい物件を見つけることができない。全国的な社会課題なのにローカルで動かさなきゃいけないという、とんでもないエラーが起きているわけですから、いらないモノの情報を整理・発信してあげると、もっといい循環が起きると思うのです。

司会　中台さんは「ちゃんと紐解く」という言い方をされましたが、それは問題を表面でとらえるのではなくて、それがなぜそうなっているのか本質をきちんと見て、もう一回問題を整理し直してから動くということですね。

中台　廃棄物業って、生業としての歴史は浅いですけど、江戸時代以前からゴミを運ぶという習慣は存在していて、たぶん過去には数え切れないほどの人が廃棄物を取り扱ってきたと思うのです。だけどその中で誰一人「ゴミではなく素材として扱おう」と行動を起こした人がいないのはなぜだろうと。でも、それを私だからできたんだとか自慢しても何にも始まらなくて、要は社会的に根づかせなきゃいけないわけです。そのためにはまず周囲と価値観を共有しないといけない。そのためには「紐解く」ということ、つまり「なんでそう思ったか」とか「それを見たときどうとらえたか」を感覚的にしゃべるのではなく、きちんと解釈して伝えることがすごく大事なんです。それが「紐解く」ことだと思います。

山崎　その伝えるということは、大学教育においてもものすごく難しくて大事な点です。教員が知っていることを学生に伝えるだけでは、人の成長という意味ではたいして効果がないんじゃないかなと思うことがあります。だから実際にその場所に行って一緒に体験するわけですが、同じ場所に連れて行っても、いろんなことを吸収できる人と、ただ見て帰ってくるだけの人がやっぱりいます。それと、もともとの関心や専門が違うと、それこそ持ち帰ってくるものが全然違うこともあって、同じ空き家を見ても「このへんの梁が使えそうだ」と思う人もいれば「このあたりならカフェをつくったら何とかなるんじゃないか」と思う人もいて、目のつけ所が違うんですね。

モノって、目の前にあれば誰でも簡単に見て理解できるものだと思われがちですけど、その可能性や背後にある関係性を理解するというのは、一人では到底無理だと思います。だからこういうプロジェクトをするときには必ずいろんな学生と一緒に同じものを見て、その後にディスカッションをします。そうすると「こんなとらえ方もできる」という形で、それまで見えていなかった理解の糸口がちょっとずつ出てきて、議論が深まっていく。どういうふうに見たらいいのかとか、ほかの人はどういうふうに見ているんだろうかといった議論の積み重ねが、重要な教育の機会になっているると感じるのですが、企業ではどうでしょうか。

中台　われわれと似ていると思いますね。企業では「報・連・相」ということをよく言われるのですが、私はあれはある意味、無意味なことになりつつあると思うのです。「報告・連絡・相談」だけだったら別にメールでもできる。それよりも私は今のお話のようにフィールドワークへ行った後、みんなでワイワイやることがイノベーションにつながると思うんです。ですからわれわれが朝、社員、チームで行っているのは事実の共有ではなく価値観の共有です。例えば事実は「どこどこのお客さんから、こういうオファーを受けた」というだけでよくて、そのお客さんが何を欲しているかとか、それを受けて何をしようと思っているのかの話を常に聞いていく。何かイベントでも「このイベントに出るミッションは何か。出ることでわれわれは何を得られるのか」を聞いていくんです。

「思いつき」を形に変えるために

中台　私はまた、社員たちに日頃いい意味での「思いつきをしゃべりなさい」と言っています。一〇人ぐらいで「こういうことをやったらどうか」という思いつきの話を毎日続けていると、しばらくして誰かから出てくるぼそっとした一言に「おっ、それ、いいじゃん！」となる瞬間がある。ただ、そのアイデアは実は少し前にみんなで話し合っていたことの蓄積を知らず知らずのうちに吸収しているパターンが多いですね。そこでの僕の仕事は何かというと、単に「それいいね」ではなく「それってこの間話していたこれとこれが混ざってない？」などと掘り返して、いかに日々、自分が思っていることを相手にひけらかすことが形に熟成させるのに役立つかを意識してもらうようにしています。

ですから思いつき大歓迎。一番大事なのは絶対「意見が言える風通しのいい職場」なんですね。それができないチームからはたぶん何にも生まれないと思う。学生さんのお話でも、違いがあるからおもしろいんですよね。「あの古民家を見て、何でカフェがいいと思うの？」というところにおもしろさを感じたり、楽しんだりできないと……。

山崎　私たちのプロジェクトは一年ぐらいかけてやるのですが、早いチームは三カ月ぐらい経った頃に「もう答えを見つけました」とか言い出すわけです。だけどそれから半年ぐらい経つと、その方向性が全くボツになったりする。それは、最短ルートで答えにたどり着こうとして周辺の情報を都合よく削り取っているからです。いち早くゴールが決まると、一見効率的に作業が進むようにも思うのですが、終わってみると、大体ありふれたつまらない結果になるか、あるいは途中で破綻するんですね。むしろ最初の段階では、ああでもないこうでもないと悩み続けて、「スロースタートだな」と思っていたチームのほうが、後半にかけてすごくおもしろいアイデアを結実させたりもします。

中台　学校の課題であれば削り落としたものは無駄になってしまうかもしれないけど、社会に出るとそれは全然無駄ではありません。人間の経験値として蓄積されていくから。だからうまくいかない体験も失敗ではなくて、それを僕は「思惑と違った」という言い方で表現します。こうしたらこうなるだろうと思っていた思惑と違っただけなのです。

山崎　そうですね。実は失敗から学ぶことはすごく多い。ただ、最初から「失敗しろ」とは言えない難し

さがありますけど（笑）。

司会　先ほど「いい意味の思いつき」という言い方をされていたのは、その先に想定するものがあればいい思いつきだけど、悪い思いつきは行き当たりばったりで学びにならないということですか。

中台　悪い思いつきというのはあまりないですが、人に同調して「僕もそう思います」というのはだめ。アイデアとか思いつきを言えるのが若い人たちの最大の魅力なのですが、実はそれを形にしてお金に換えるというのが彼らは不得意なのかもしれません。それはたぶん私たちの仕事なんですね。業界とはあまり関係のない若者が出す適当なアイデアを、いかに今までの経験値とつなぎ合わせてそのギャップを楽しみ、お金に換えていくかを考えるのが私たちベテランの役割です。

山崎　お金に換えるということが必要なんですね。お金に換えるということは一つのシンボリックな言い方ですけれども、空き家や廃校の活用でも、「地域をよくしたい」という思いだけで事業を始めても、うまく経営できなければ、結局空き家に戻ってしまうという例が無数にあります。アイデアとしてはよかったかもしれないし、やる気も志も最初はあったに違いないのですが、受け入れるだけの土壌がその地域にないとか、仕組みとしてちゃんと機能していないからですね。

私たちのプロジェクトでは、新しい価値を見つけて仕組みを描くところまで学生に課しています。もちろん、立派な事業モデルをつくるところまではなかなかいかないですが、採算がどの程度あうものなのか、それこそコストとベネフィットをきちんと考慮して、本当にそれが五年後、一〇年後も存続できるプランなのかとか、トータルで提案しないと、本当に思いつきだけで終わっちゃうので。

中台　学生にプロジェクトを課すのは、勉強のためには有効だと思いますが、かなり難しいですよね。

山崎　基本的には教育プロジェクトという立て付けですので、学生がその後自分で事業を起こして続きをやっていくかというと、そこはまた別の話です。ただ、提案の中には、経済的にきちんと回るとか、地域に受け入れられるといった要素が必ず必要で、そこを無視したアイデアというのは、いくらおもしろくても、社会的な価値とは言い難い。

中台　そこを企業と連携したいですね。例えば、ある地域に全然使われていない公園があって何とかしたいというときに、公園を使う子どもたちにアイデアを出してもらうことになりました。そこまではよくある話なのですが、出てきたアイデアをそのまま行政に放り投げても「そうですか」と言われて終わってしまいます。そこにアイデアを丁寧に解釈し、形にしていく必要があるのです。

そこで、子どもたちの考えたアイデアを例えば大学と連携して大人の言語に変えるのはどうか。大学生の力でちゃんとした形のプレゼン資料にしてもらえればいいと思うんです。そこにプロのデザイナーとかクリエイター、あるいは私みたいな人間が入っていく。子どもたちの考えたものに僕ら大人がいきなり手をつけるのではなく、間に大学生を入れることで、社会人になる前の彼らの勉強としても役に立つし、われわれにとっても若手人材の教育にも使える。行政側からみると子どものアイデアがきちんとした提案書になって出てくるというよさがあるので、お金は回らなくても活動としてはかなり有効に回るはずです。

地域の課題に対して、地域の財産を使って、いろんな世代が連携して形に変えていく。もしかしたらそれがこれから大学とか教育機関と社会をつなげる、あるべき形なのかもしれません。

「やる」と「やらない」の分岐点はどこにあるか

司会　先ほど中台さんは、廃棄物に対して「これ、もっと使えるよね」とか「もったいないね」と思った人はいたかもしれないけど、実際に行動を起こして展開されているような事業にのせた人がいなかったとおっしゃいましたね。イノベーションが叫ばれる今の時代、思いつく人はたくさんいるけれども、実際に持続可能な事業にのせるところのハードルがものすごく高いように思います。それを中台さんたちはなぜできたのか、どうやってやったのか、そのあたりのことをもう少しお聞きしたいのですが。

中台　ものごとに取り組む上で一番大きいリスクは、やらないリスクだと僕は思うのです。もちろん、やってみて思惑と違ったり失敗したりした事例もあるかもしれませんが、思っていながらやらずにいて、他の人にやられたときには私の性格上、取り返しのつかないほど後悔すると思う。そんな話をしていて「じゃあ、中台さんは好きな女の人がいたら絶対告白するんですか」と聞かれたことがあります。そんなリスクはこれまでないんですけど（笑）、「一応もれなく告白はするほうだ」と答えました。これは冗談半分ですけど、理屈的には「言ってみなきゃわからない」から。これは知らないリスク、という問題にも通じています。知らないとその事実を認識することもなくスルーしてしまうことになる。

司会　でも、現実にはそうじゃない人のほうが多いですね。やって失敗すると嫌だと思ってやらずにすませてしまう。「やる」と「やらない」の分岐点はどこにあるのでしょうか。

中台　何かをしたいと思ったとき、皆さんもたぶん同じだと思いますが、気になったものは継続的にウォッチしてしまうじゃないですか。そこに「思いつき」と「想い」の差があると私は思っています。思いつきって、皆さんもいろんな瞬間に「あれいいよね、これいいよね」と思っているけれど、後で「そんなこと思ったかな」と忘れてしまうようなもので、そんなことって身の回りにたくさんあります。

それがビジネスの場だと、いろいろな思いつきの中にみんなが「そのアイデアいいから、絶対ビジネス化しよう」という「想い」に変わっていくものがあって、継続が可能になると思うんです。みんなが継続してウォッチしてしまうようなことなら、一歩踏み出さない手はないし、それこそやらないリスクを抱えることになるんです。逆に言うと、継続できないものは「想い」ではないので、リスクにもなり得ない。

山崎　今のお話から二つ思うことがあります。一つは、おっしゃっていることは感覚的にすごくよくわかる。研究者というのも問いを見つけると逃れられなくなっちゃうんですよね。

中台　わかります。そうですよ。

山崎　今のご時世ですから、その研究は世の中の役に立つのかとすぐ言われるのですが、誰も見つけていない本当に大事な問いに触れてしまったら、打算もへったくれもなくて、自分がかかわる以外に選択肢はない。あらゆる労力をそこに費やしてしまうわけです。

一方で、教育の場に戻して考えると、その感覚をどうやって学生に伝えるのか。これがなかなか難しいですね。今のところ、その唯一の手応えは、先ほどの話に戻りますけれども、現場で何かを感じ取ったり思いついたりする学生が一定数いるということです。そうした体験から彼らの「思いつき」がある種の「想い」に変化して、成長を遂げる姿も見ています。そこにうまくマッチングできると、ちゃんとプロジェクトとして回るんじゃないかなと今のお話をうかがっていて思いました。

中台　よく「社会課題を解決する」とか「社会に貢献する」という言葉を聞くでしょう。私の会社にも「多様な価値観と自由な発想で社会に貢献する」という理念が存在しますが、私が一番興味ある問いは、現在のビジネスは本当に社会に貢献、還元できているのかということで、僕は全くイコールじゃなきゃまずいと思っているんです。社会課題を解決することこそビジネスであって、それなしで金を稼ぐなんてむちゃくちゃな論理はないと思う。

われわれの仕事に置き換えて言いますと、廃棄物を素材として生まれ変わらせ、新たな形で世の中に流通させることは社会的に絶対いいことだと思っています。だけど、今後さらにたくさんの廃棄物が出てくるという社会課題に対して解決できないとすると、それはマーケットの問題とかではなく、相手への伝え方とか取り組みの姿勢も含めて私たちのビジネスのレベルがそこに達していないだけなんです。どこかにリユースやリサイクルの可能性はあるはずなのに、情報収集やコラボレーションの努力が足りなくて、そこにリーチできていないだけなのだと思います。すると、何か解決の形が見えるまでその問いにとらわれ続ける以外に選択肢はない。「やらないって、何?」っていうことなんです。

司会　「やらないって、何？」の答えにはいろいろあると思うのですが、昨年度実施した対談や座談をまとめた本（『対話で創るこれからの「大学」』大阪大学出版会刊）の中でも似たような議論がありました。イノベーションを起こす人材として「社会に対して義憤を持つ人」というキーワードが挙がったのですが、この義憤というものがとらわれ続けるのにすごく大切な要素ではないでしょうか。いろいろな課題や限界はあるけれど「これを放置するわけにはいかないでしょ」っていう想いが見え隠れするというか。何かを形にしていくには自由なアイデアも大事だけれど、最後にものを言うのは意外と義憤みたいなものではないかなと思いました。

山崎　とらわれ続けるエネルギーの元になる要素にはいくつかあるんじゃないでしょうか。義憤も恐らく一つだし、とてつもない思い込みとか無条件の愛情みたいなものもその要素になりうる。そしてそれがうまくいけば研究にもつながる。そんな要素が義憤以外にいくつもあっていいと思います。

ただ、研究者のコミュニティの場合、バリエーションはそれほど多様ではないかもしれない。本当にそれが必要な研究なのかとか、必要なのにやられてないことに対する義憤から研究しているかと問われると、ひょっとするとそこは希薄かもしれない。先ほど社会課題とビジネスの関係について話をされましたけれども、社会課題と研究の関係も実は同じで、本質的には両立可能なものだと思います。ですからもっと学生がそこに踏み出していってもいい。良質で意義深い問いとの出会いをセッティングしてあげるというのは、COデザインセンターで私たちが行っている教育の大事な理念でもありますので、それができたらうれしいと思います。

社会課題へのアプローチの仕方を考える

司会　私たち研究者は「問い」という言葉をよく使うのですが、ちなみに山崎さんの問いは何ですか。

山崎　一番基本的な問いは、人間はどうやって生きているのかといったことですね。人間の社会において何が大事かと問うと、自由に発想することとかいろんな意見があるけれど、人間ってもちろんオールマイティではなくて、どちらかというとできないことだらけなんですよね。例えば身体にしても、それぞれのパーツができることは決まっています。そういう不自由さが与えられているからこそ、自由って何なのかとか人は考えるんですよね。モノに対しても、例えば鉄は柔らかくないから、その柔らかくないことを活かす使い方を考えるじゃないですか。使用が限定されているからこそ新しいものがつくりだされる、という感性が実は文化人類学の研究においてはすごく重要だったりする。

中台　人間が社会の中でどう存在し得るのかといった文化人類学の研究をやりつつ、一方で古民家再生の取り組みもされているというのはおもしろいですね。

山崎　私の中では重なる部分はあると思っているんですね。すごく抽象的な言い方になってしまいますけど、例えば、モノを人に渡すってどういうことか、というのは、経済活動の始まりがどのように起こるかを考えるということです。

中台　ああ、なるほど。

山崎　先ほどの話に戻りますが、空き家がなかなか市場に出ていかないのはなぜかといえば、そこに記憶とか愛着とか社会関係がべったり張り付いているからです。これを市場に出すためには、家というモノに張り付いたいろんな歴史や記憶や関係性をきちんと整理しなければいけない。じゃあ、そういう課題に人類はこれまでどんなふうに対応してきたのだろう、と考えてみることもできます。例えば、儀礼ってなぜあるのかというと、例えば結婚式って、それまでの家族との関係をいったん断ち切って、新しい関係をつくりだすときになされる儀礼ですよね。新しい家族をつくるということは、古い家族関係をある意味では断ち切るということでもあります。社会にとっても個人にとってもそれは結構大変な作業のはずですが、婚姻の儀礼を用いてそれにうまく対処しているんですね。少し堅苦しい言い方になりますが、儀礼というのは、意味や象徴のレベルで社会的な切断を設けるときに要請される社会の仕組みだともいえます。

家の話になぞらえていうと、ひょっとすると、家を手放すときにもそういった儀礼が必要なのかもしれません。例えば人が亡くなったときにはお葬式をしますよね。家を新しく建てるときにも、地鎮祭や上棟式といったものがあります。でも、家を売るときの儀礼があるわけではありません。だからいつまでも手放せないということが実はあるんじゃないか、といった議論を最近学生たちとしました。つまり古民家をきちんと手放して市場に流通させるための社会的な仕組みが必要なんじゃないかと。婚姻や葬送の儀礼を発明した人類というのは、本当にイノベーティブだなぁと。

司会　古民家が市場に出ない理由として、先ほど中台さんは流通経路や経済の仕組みで考えておられましたが、山崎さんは別の視点で考えておられる。その一つとして儀礼という言い方をされましたが、例えば人が亡くなるとお葬式のあと初七日や四十九日といった儀礼の段階を経て日常の生活に戻っていきますね。それによってすべての心の整理がつくわけでもないけれど、その後なら遺族の方が普通の生活に戻ることができるという暗黙の了解を得るような世の中の仕組みがあって、それと同じようなものが古民家を手放すときにも必要じゃないかということですよね。

山崎　そうです。おもしろいのは「どうして手放さないのか」を調べていくと、隣近所の目が気になるとか、代々親から受け継いできたものを自分の代で手放すのは申しわけないとか、いろいろ理由が出てきます。そうすると、これは人間関係とか社会構造に関わる問題なので、一筋縄ではいかないのです。それで、「空き家」という問題の複雑さと難しさに改めて触れることになるんですね。これは今やっているプロジェクトに引き寄せた話ですが、同じようなことがモノを手放したり捨てたりするときの人間の行為の背後にあるのではないかと思います。

中台　僕らの場合はアプローチが全然違って、どうしてもはっきり認識できる課題に対して反応します。さっきの義憤じゃないけれど、空き家というものがこれだけ世間で騒がれているのに、古民家が放置されていていいのかという立場から、それをいかに解決していくかという興味に直結していくんです。

一方で、さっきの思いつきの話に戻りますけど、例えば経済学や法学を勉強している学生さんたちが古民家を調査して、それぞれの尺度で何かを思ったり考えたとすると、たぶんその蓄積はとんでもなくおもしろい議論になっていくと思うのですが、それを話すことができずに山崎さんの解釈を聞きに来るだけの学生が多かったりすると、何もそこからは生まれてこない。それは企業においても同様ですが、大学では何かおもしろいことが起きていますか。

山崎　最初からすべてうまくはいかないのですが、何度もやっていると、ずっと黙っていた学生が突然ポロッとおもしろいことを言ったり、急に飛びついてくる話題もあるので、そこは辛抱強くそういう場をつくっていくことで芽吹くこともあるんじゃないかという期待をもってやっているところはあります。もちろん、一つの学問分野の切り口で解ける問題というのは実際には非常に限られているので、「社会の課題」を考えるためには、いろんな分野からの意見を結集させる必要があると感じています。

総合大学というのは、そういうことをしようと思ったときに、やっぱり一番可能性のある場所なんだと最近改めて思うんですね。ただ、これは中台さんが最初におっしゃったことですけど、「自分はこう思う」ということをとにかく言ってもらわないとやっぱりだめです。

中台　言葉を発するときに業界の経験があるとか社会人としての経験がある、というのは実は全く関係ないんですよね。もちろん業界に三〇年もいるような、いわゆる「知ったかのおっちゃん」も大事です。でもそちらの意見に寄ってしまうと大変なことになるので、知ったかのおっちゃんも何も知らない若者も含めて、とにかくみんなが自由にものが言える環境が大事。口で言うのは簡単ですけど、できていないところが意外に多いんですよ。

（注）

注1：教育プロジェクト「超域イノベーション総合」

大阪大学超域イノベーション博士課程プログラムで実施している長期のプロジェクト型授業。リアルな社会課題と向き合いながら、課題の設定、解決に向けた提案、その実行・実装といった総合的な力を養うべく、チームでプロジェクトに取り組む。ウェブサイトは http://www.cbi.osaka-u.ac.jp/innovation_sogo

注2：「空き家・空き地バンク（Ｚａｂ）」

平成二九年、国土交通省が構築、試行運用を開始した、各自治体の空き家などの情報を集約し、全国どこからでも簡単にアクセス・検索できるようにするシステム。

「視座」を変えてみえる世界

対談者　**小川勝章**（作庭家・植治次期十二代／御庭植治株式会社 代表取締役）
　　　　平田オリザ（大阪大学COデザインセンター 特任教授／劇作家・演出家）

司　会　**八木絵香**（大阪大学COデザインセンター 准教授）

先祖代々、日本ならではの庭づくりを手がけてきた作庭家と、ロボットを使った演劇など斬新な発想で舞台を牽引する劇作家・演出家。お二人が活躍するのは全く異なるジャンル・空間ではありますが、めざすのは新しい見方を発見したり楽しんだりすることのできる空間づくりではないでしょうか。そんな庭づくりや舞台の演出においてポイントとなるのは、庭や舞台に向き合うお客様の「視座」や「視線」を意識することだそうです。見る側の「視座」や「視線」を意識しつつ、それらを変えるために、お二人はどんな工夫や挑戦を重ねておられるのでしょう。そうした空間を味わった先には、どんな世界がみえるでしょうか。

対談者プロフィール

小川勝章［おがわ かつあき］

幼少期の多くを歴代の手掛けた庭園にて過ごす。高校入学時より父である11代小川治兵衛に師事。立命館大学法学部卒業後、植治（うえじ）における作庭に専念。市民協働での作庭等、新たな取組みに加え、歴代所縁の庭園においても修景維持を続ける。京都市DO YOU KYOTO？大使、京都精華大学評議員、1級造園施工管理技士。著書に『技と美の庭』（京都新聞出版センター）など。

平田オリザ［ひらた おりざ］

こまばアゴラ劇場芸術総監督・城崎国際アートセンター芸術監督。1995年「東京ノート」が第39回岸田國士戯曲賞受賞後、国内の数々の演劇賞を受賞。2006年モンブラン国際文化賞受賞。2011年フランス国文化省より芸術文化勲章シュヴァリエ受勲。大阪大学コミュニケーションデザイン・センター教授、東京藝術大学COI研究推進機構 特任教授等を歴任し、2017年4月より大阪大学COデザインセンター特任教授に就任。

写真１：スペイン、アルハンブラ宮殿フェネラリフェ庭園
提供・小川勝章

司会　三回目の今日は「『視座』を変えてみえる世界」というテーマでCOデザインセンターの特任教授でもある劇作家の平田オリザさんと、作庭家の小川勝章さんとの対談を進めていきたいと思っています。

　そもそも作庭家という肩書きに馴染みのない方も多いかと思いますので、最初に小川さんから自己紹介を兼ねてお話をお願いいたします。

小川　私どもは先祖代々「植治《うえじ》」という屋号のもとでお庭をつくってまいりました。

司会　お庭をつくるというのは、一般に知られる「庭師さん」のお仕事とは違うのですか。

小川　作庭家か庭師か、一言で説明するのは難しいところもあるのですが、現場に近しい方を庭師、現場を俯瞰してご覧になる方を作庭家。その様な線引きがあるとすれば、私たちはその両方でありたいと願います。最近、お庭には目に見えている世界以上の、何か違う世界があるように思えてまいりました。先祖がつくったお庭や先人の方々が携わられたお庭というのは、私にとってお師匠さんのような存在ですので、今日はそうしたお庭から教えていただいたことをちょっとご紹介できればと思っております。

まず、木というものは放っておいたらモコモコとした自然樹形になるんですが、例えばこの西洋の庭園（写真1）、なぜこんな形にするのでしょうか。そもそも、このようにスパッと刈り込むかどうかは別として、わざわざたくさんの木を植えて一定の形に揃える必要があるのでしょうか。そんなふうにお庭を見てはいろんなことを考えます。そういう仕事でございます。

日本のお庭の話に戻ります。私どもは「小川治兵衛」という名前を代々継いでいるのですけど、京都の無鄰菴《むりんあん》さんとか平安神宮さんとかのお庭をつくらせていただいた七代目の小川治兵衛（注1）が私の高祖父、ひいひいおじいちゃんに当たります。会ったこともない人ですが、事あるたびにそれらのお庭がいろいろ教えてくれるとともに、不思議といろいろな出会いをいただくのも、もしかすると先祖からのご縁かもしれません。

写真2：七代目もしくは八代目小川治兵衛の仕事現場。撮影時期、撮影場所不明。
提供・小川勝章

その先祖が残した写真の一部をご覧ください（写真2）。大きな松の木がありますが、その高さ以上に目につくのは、なんと大きな根っこでしょうか。このように根っこを丸くつくることを根回しと申すのですけれども、この根回しがとても大事なのです。縦横無尽に張り巡らせた太い根っこを全部切ってしまうと、木が水分・養分を吸い上げられなくなって枯れてしまいます。そこで三分の一か半分近くの根っこは切りつつ、ある程度おいておくことによってライフラインを保たせる。そして半年か一年後ぐらいに、もう一度残ったところを切り直しますと、今度は先に切ったほうから小さい根っこが生えてきているので、そちらから水分・養分を吸い上げることができます。根回しをするまでにもそんな時間がかかっていて、大変だったであろうことがこの写真だけを見ても想像されます。

また、葛藤を覚えることもございます。もともとこの木は自然の山にあったわけですから、それをお庭に植えてこの景色をつくるということは、ある意味、山の自然を破壊しているともとらえることができます。こんなことをして、果たして何をつくり出そうとしているんだろうか。根っこをつくるのに時間をかけ、運搬するのに時間をかけ、頑張って植えても枯れちゃうかもしれないのです。今のように重機も使えない時代にそれだけのリスクを伴いながら、頑張ってこの木を運んできたわけです。ということは、この一本に重ねた昔の人々のロマンとか責任感、思いは今以上にとても大きかっただろうと思うのです。

そうしたことも踏まえてお庭の役目とは何だろうと考えたとき、かつて先人たちは自然にとても敬意を払っていた、あこがれていたんじゃないか。この木を通して私たちの毎日が何とか自然につながっていたいという願望があったんじゃないか。そういう人と自然の間を取り持つ役目をお庭が担うことができたらいいなと思って、私たちはお仕事させていただいておりますし、当時の先人もそのようなことを考えながら仕事をしたのではなかろうかと思っております。

司会　小川さんのお仕事が「視座を変える」ことにどうつながっていくのか、もう少しお聞きしたいのですけれども、ひとまず平田さんのご紹介に移りたいと思います。

平田　私は最初にご紹介いただきましたように、今は大阪大学のCOデザインセンターにいますが、それと同時に劇作家・演出家で作品をつくる仕事もしています。これまでさまざまな作品をつくってきましたが、大阪大学ではロボットを使った演劇をやっていまして、実はこのナレッジキャピタル（注2）が開業したときも、上のシアターでロボットを使った演劇（注3）を上演させていただきました。皆さんもマツコロイドとか徹子ロイドといったアンドロイドロボットを、最近テレビでご覧になったかと思うのですが、あれをつくった石黒浩（注4）という研究者が大阪大学におります。その彼と一〇年ぐらい一緒に作品をつくって世界中をまわっています。

そもそも僕は阪大に来る以前から認知心理学の研究者たちといろいろな研究をしていて、その中の一つが「あの俳優、うまいなあ」とか「あの俳優、下手だなあ」と観客の方が思う根拠を探る研究です。そこでわかったのは無駄な動きが安定して入る人がいい俳優だということ。無駄な動きとはどういうものかというと、例えばコップを使った認知心理学の有名な実験があります。普通、人間はコップをガシッとつかむなんてことはあまりしないですね。手前で一度置き直してみたり、手の平で全体を把握してから取ったり、ほかのものに触ってから取ったりと、何か無駄な動きが入るんです。それをマイクロスリップと呼び、人の動きには通常入るのですが、俳優も人の子なので、たくさんの人から見られていると緊張して無駄な動きが増えたり、あるいはいきなりガシッとつかんだりするんですね。

もう一つわかった俳優にとってちょっとかわいそうなことは、マイクロスリップは練習すれば練習するほど減っていっちゃうことです。うまくつかめるようになるんですね。ところが世の中には何があってもマイクロスリップが一定数うまく入る俳優がいるんです。どうもこういう人を、世の中の人はうまい俳優、リアルな演技と呼ぶということがわかってきました。

一方で理系の工学という分野は、ガシッとつかんでなんぼの世界です。特に産業用ロボットはきちんと無駄なくつかまないと製品にならない。ですからロボット工学の研究者はずっとそういうロボットの研究をしてきたわけです。ところが、ガシッとつかめばつかむほど怖いロボットになってしまう。ここにロボット研究と演劇の親和性があったんです。つまり、俳優は練習すれば練習するほどリアルから遠ざかってしまうし、ロボット研究者は性能のいいロボットをつくればつくるほど社会から遠ざかってしまう。お互いそんなジレンマを抱えて試行錯誤しているときに、当時、阪大の総長だった鷲田清一さん（注5）が私と石黒さんを引き合わせてくださったんですね。

具体的にどうしたかと言いますと、最初に二分ぐらいのスキット（台本）をお渡しして、それに基づいて若手の研究者がロボットの動きをプログラミングします。それでまずロボットの性能を見て、演劇界でいう「だめだし」、つまり「ここの台詞の間合いを〇・三秒あけてください」とか「右手をもうちょっと上げて」といった指摘をし、その場でプログラムを書きかえてもらってもう一回動かしました。すると、そこにいた若手の研究者たちからため息が出るほど、ロボットの動きはリアルになりました。そりゃそうです。ロボットの歴史はたかだか数十年ですが、演劇は二五〇〇年間ずっとそれをやってきたんですから。こちら側により深い知見があったということですね。

そんなふうに何かをつなぐこと。ここに、今の大学の一つの役割があるんじゃないかと僕は思うのです。全く異なる領域がつながることによって、予想もしなかったような新しいものが生まれる。今日もそんなことを期待しながらお話したいと思います。

自然をどう感じ、どう表現するか

平田 ホストの側として、まず僕のほうからいろいろお聞きしたいんですけど、最初に庭師という言葉も出ましたが、作庭家のお仕事はいわゆる造園業とは違うのですか。あるいは植木屋さんとの違いはどんなところでしょう。

小川 言葉の響きでとらえ方が変わるようにも思いますが、造園業はどちらかというと、大型の機械を使いながらの土木工事的なイメージがやや強いですね。植木屋さんはそもそも植木を売るところからそう呼ばれるようでして、画材屋さんと絵描きさんが別であるように、木を育てる人と庭をつくる人は別であるのが本来だったかと思います。

平田 ご自身で木をチョキチョキ剪定したりもされますか。

小川 私自身は高校生、大学生の頃は、お掃除しかしておりません。ハサミを腰につけてはいたのですが、最初は触らせてもらえずにいました。

平田 チョキチョキするまでに何年かかりましたか。

小川 七年間のアルバイト時代の後、チョキチョキするようになりました。

平田 建物の建築でいう建築士と大工さんの両方の役割を兼ねることになるのでしょうか。

小川 従来は両方兼ねておりました。設計と施工を一体として行うのが理想的な形でしたが、昨今は大分変わってまいりました。

平田 いわゆる大学で習う造園とお庭のデザインをする人は分かれているんですね。小川さんは両方習っ

小川勝章 氏

たんですか。

小川　私、恥ずかしながら大学は法学部ですので造園を習っておりません。スタッフには造園を学んだ人はもちろんいますが、デザインを学んだ芸大系の出身の人もいますし、都市設計のようなことを学んだ人もいて、出身は皆バラバラです。

　私はお庭づくりの切り口としては、いろいろな方面からアプローチできるのではなかろうかと思っております。小学生の教科に例えると、デザインの視点からであれば図工、植物、生物のこととして考えれば理科、左右対称とか幾何学的に考え始めたら算数かもしれません。さらに哲学なんてあったらかっこいいので、国語からとらえる可能性もありますし、庭に置く飛び石にリズムを打って音楽という切り口もあればと思うぐらいです。

平田　図面は描きますか。

小川　はい。今はなかなか大変な世の中で、コンピュータで精巧な図面を描き、三年後の完成予想図はこうです、とお約束しないといけないらしいのですよ（笑）。

平田　三年後に図面通りになってないと、訴えられたりしちゃうんですか（笑）。

小川　そうならないよう図面にあわせて木を選んだり、ちょっと不都合があってもコンピュータ画面にあわせてお庭をつくっていく傾向が、現在は強くなっています。ですが、かつては違ったんでございます。

平田　かつてはどんなやり方だったのでしょう。

小川　私の先祖の頃には、二パターンの図面がございまして、一つは図案担当の方によってそれらしき世界が描かれた美しい図面で、私としてはあんまり心がときめかない。もう一つは先祖の手によると思われるもので、人にお見せするようなものではないのですが、墨と筆でグワァッと描かれていて「何だ？これは！」みたいな感じで魂をわし摑みにされました。

平田　それは見てわかるものなんですか。

小川　片方だけを見るとちんぷんかんぷんですが、両方見ると理解できて思わず「おおー！」と心が躍ってしまうようなものでした。

平田オリザ 氏

平田　ちょっと謎解きみたいな感じですね。

小川　図面はお庭に携わる人間が、目標値として共有するためにも大事だし必要なのですが、事前にお約束できるのは六〜七割程度までで、あとは現場で動いていくものなんですね。例えばある木を主役にしようとしていたのに、現場に立つと建物があまりにも近過ぎたりして思うようにいかなかったりします。ではちょっと向きを変えてみよう。木の向きが変わったら、今度は石の向きも変えなきゃ。というふうにちょっとずつ現場でアレンジが生まれていく。うまくいくときは、すとんと収まるんですけれども、どうしようもないときもありまして、「どうしよう」と思っているのが自分だけじゃない場合、周りの皆の「なんとかしなきゃ」という思いが一体となって現場でうごめく。お庭の魅力的な部分には、そういう試行錯誤だったり創意工夫だったり、人のうごめきが込められていて、皆の思いが結集している分、色あせないお庭の魅力として訴えるものがあるのかなと思っています。

平田　最初に見せていただいた西洋のお庭は、自然を相当ゆがめていましたね。ああいうふうにしちゃえば、ある程度図面どおりにできそうですが、日本の庭園はそうはいかないのですね。

小川　スパッと刈り込んだ西洋の景観が悪いということでは決してありません。要は自然をどのように感じるか。お庭の役目として何を求めるか。単に自然へのあこがれと言っても、自然と仲よくしたいと思われるか、自然を我が手中におさめたいと思われるかで、きっと求められるお庭も変わってくると思います。

飛び石——世界を変えるための仕掛け

小川　最近、私が注目するところは、自然や時の移ろいを感じさせるだけではなく、人という存在を意識したお庭のつくられ方です。例えば、日本庭園でよく見かける景色の中に、蹲踞《つくばい》という仕掛けがあります（図1）。剣道などでしゃがむ態勢を蹲踞《そんきょ》と言いますが、お庭では同じ字をあてて「つくばい」と申します。この蹲踞はお茶庭に多くしつらえられておりまして、お茶事の際にはまずここで手を浄め、心を浄め、お茶室に入る態勢になっていただくための仕掛けで、手水鉢《ちょうずばち》の周囲にいくつか石が置かれています。

図に番号をふっておりますが、蹲踞の仕掛けというのはまず、2番の石の上にしゃがんで、1番の手水鉢から水をすくって手を浄めます。しつらえとしてはそれで十分じゃないかという向きもありましょうが、実はまだ3番、4番と必要な石があるんです。

例えばやや暑い時期は日中を避け、太陽が陰った時間帯を選ぶ亭主の気遣いもございましょう。また、夜を存分に愉しまれるために、夜の長い冬至に近い時期に催されるお茶事もございます。そんなとき暗い道は危なかろう。飛び石の上を歩くのも足元が危ないので、手燭《てじょく》の明かりを持って来ていただき、さあ手を浄めましょうというときにはそれを横に置いて手を浄められるはずです。するとその手燭を置くための石、手燭石が必要になります。冬には冷たい水で手を浄めるのはつらいですね。そんなときお客人が手を浄められる前にご亭主がお湯の桶を持って来られます。するとお湯の桶を置くための湯桶《ゆとう》石《せき》が必要になります。それが3番と4番の石の役割で、流派によって使い方が入れ替わったり、同じ流派でもしつらえによってあえて位置を入れ替えることもございました。

蹲踞には、寒いときにも暑いときにも皆さまをお迎えするための、そんな仕組みがございます。何気なく並べられたようにも思える石の集まりですが、実はとても人のことを思ってつくられているのです。

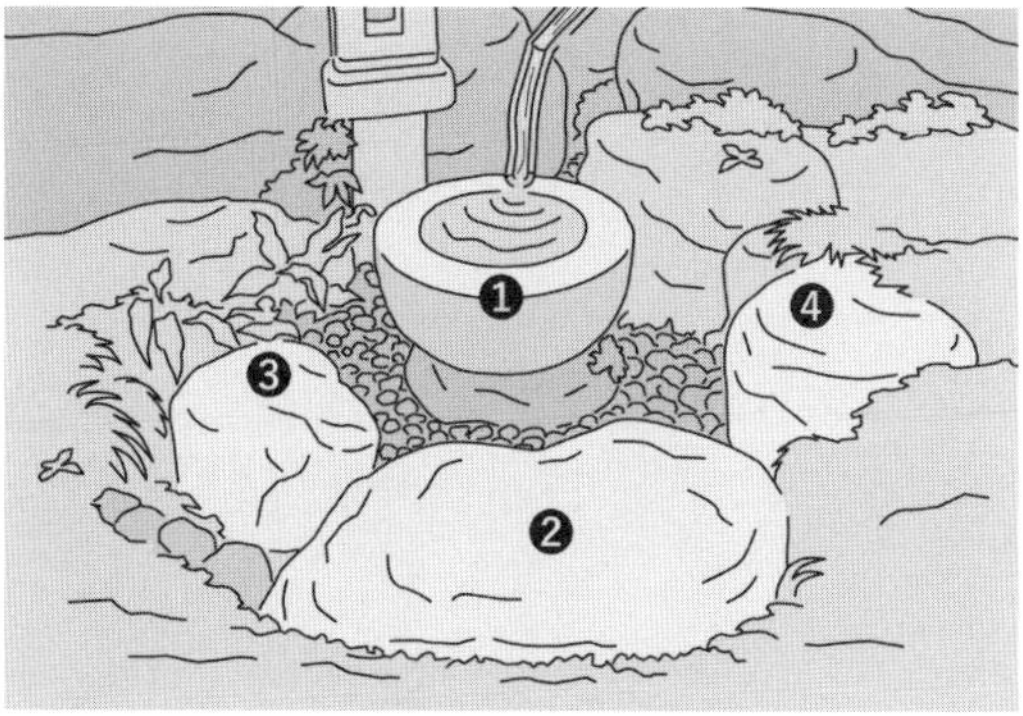

図1：蹲踞をめぐる石の配置。イラスト・永田奈緒美

平田　なるほど。

小川　もう一枚景色をお見せしますと（図2）、手前にロータリーがあって、門があって、その奥には庭園がつながっています。門

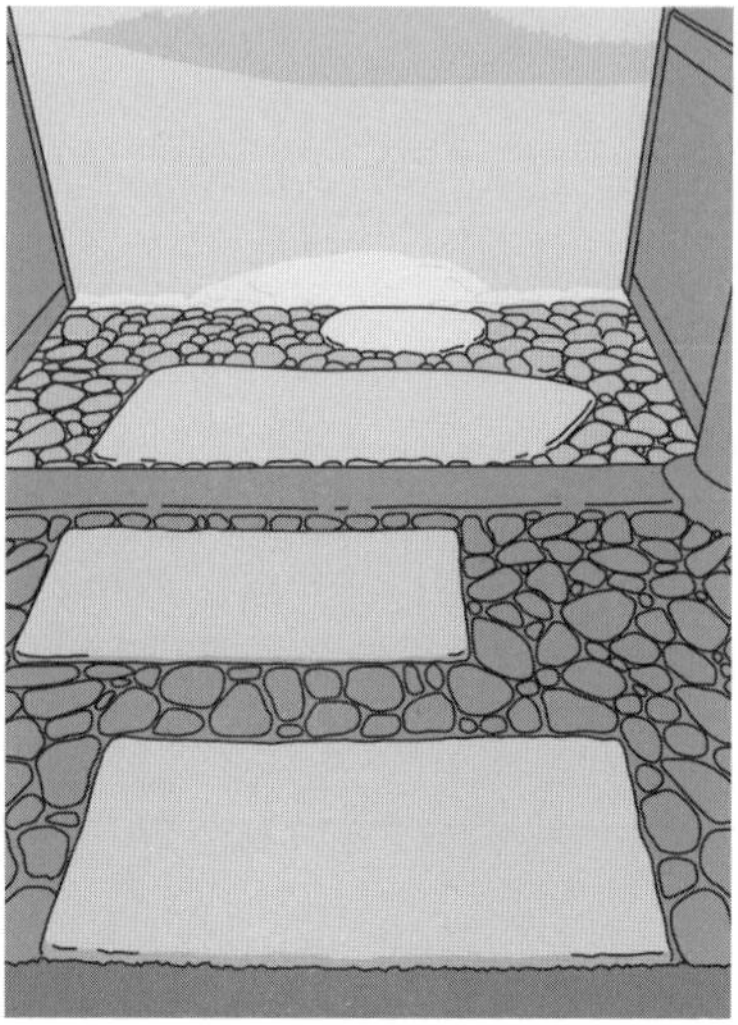

図2：庭園の入り口（門）で客を誘う飛び石の配置。
イラスト・永田奈緒美

のところの地面には四角い角張った石が二枚並んでいて、次に角がとれた石があって、さらに小さい石があって、S字のカーブを描くように蛇行させて石が置かれていますね。例えばこの石がなければ、皆さんはどんなふうに歩かれるでしょう。ど真ん中を堂々と歩いていかれるんじゃないでしょうか。

　ところがこうして飛び石が置かれていると、不思議なことに石が「皆さん、こちらへどうぞ」とか「お庭は向かって左に曲がってね」と誘《いざな》ってくれるんですよ。そして門をくぐって進むと世界が変わります。この飛び石はそういったことを表現していて、最初はつんつんしている石も、徐々に角がとれてきて、自然に近い石に変わっていく。それに伴って人もほんのちょっと心がやさしくなるというか、丸くなるというか、お庭をご覧いただく態勢を整えていっていただくための仕掛けがそこにございます。

　飛び石というのは、何となく据えられているようで、あまり気づかれないものですが、実はどんなに広大なお庭でも、どんなに偉い方でも、知らず知らずのうちに「ここしか歩いちゃいけませんよ」と導かれて歩いているわけですから、大事な役目を果たすとても偉い石なんです。ですから飛び石を打つ者には大きな責任が伴います。

平田 どんな石がいいといったことはありますか。

小川 十一代目となる私の父から子どもの頃に言われて記憶している言葉がございまして、それは石には三つの顔があるということ。一つは怒った顔で、石をおにぎり型に強く据えてみるとそう見える。二つ目は笑った顔で、石を寝かしてみるとちょっと穏やかに見える。三つ目はのっぺりした顔と言っておりましたが、用途としては飛び石です。怒った顔の石は存在感を際立てて権力や力を象徴し、笑ったやさしい顔の石は特段目立たないけれど、毎日向き合うには安心感を得られる。のっぺりとした顔は、一番表情の乏しい石ですが、機能性や安全面では非常に優れていて、飛び石や敷石などにはこの顔の石を据えるわけです。

ところが、飛び石というのは自然のままの石を何個も連ねて据えてまいりますので、乏しい表情の石であったはずが、何十個も並べていくと全然表情が違って見えてくることがありますので、結構考えさせられます。

平田 石の並びも歩きやすいようにするのですか。

小川 そうですね。見ていて歩きたくなるような石の並びが理想的でしょうし、そう思っていただけるとやっぱりうれしゅうございます。それと同時に、お茶庭というのは機能面がとても大事にされますので、安全であるということが一番でございます。だからこそ、女性の方が着物を召されて雨の日に歩いたとき、歩幅はどうなるだろうといったやや厳しい状況も考えた石の据え方をしていて、他にもきっといろいろ客人に配慮して据えられた結果がこういう石の並びだったんだろうと思います。

それは本来「この飛び石が美しいぞ」と気づいてほしくてやっているわけではなくて、客人との間柄や心を取り持とうとしてなさっている、おもてなしの一つの形だと理解することができれば、これまでとは違う世界が見えてくる。何の変哲もないように見えた景色も、豊かな心づかいが感じられるものに思えてまいります。

視点を変える時間の芸術

司会　石のお話を伺ってきましたが、〈『視座』を変えてみえる世界〉という今日のテーマとお庭とのつながりについて、もう少し踏み込んでお伺いできますか。

小川　視座を変えるという意味で、非常にわかりやすい庭園の仕掛けは枯山水だと思います。有名な龍安寺の石庭に行くと、皆さんいろんな場所に座って方丈の庭をご覧になっていますけれども、それは場所によって庭の表情が違って見えるということがあるんですね。何も考えなければ、岩があって苔があって白い砂が敷いてあるバランスの妙が鑑賞の対象となります。ただ、そこに何かしら違う側面を見出して、この岩は険しい山かもしれない。苔地は大陸かもしれない。白砂は大海かもしれないと見立てていくと、山から清らかな水が大地を伝って大海原に流れるさまが浮かんできます。あるいは白い砂を雲に見立てると、雲海から山の頂が見え隠れしているようにも見えます。

この「見立てる」という発想があるからこそ、とあるお庭では、この石は宝船だとか、ここに亀が泳いでいるというように、石一つ一つにこだわった独自の物語をつくることもできます。そういう意味で、枯山水は一つのお庭でありながら等身大で向き合える世界と、ちょっと尺度を変えた違う世界をご覧になれるお庭です。

平田 庭をつくるとき、通常はどこから見た風景を基本に考えるのでしょうか。

小川 風景をつくると考えると、木のことや周りの景色のことばかり考えがちですが、話を立ち返らせますと、人がいないお庭は成立しません。やはり大事な方が大事な場所からご覧いただくというのが基本です。

平田 普通の家だと縁側に座って見たときの景色を基準にするわけですか。

小川 もちろん、縁側も素敵な位置なのですが、かつての日本家屋には必ずスペシャルシートが用意されていまして、その大事な上座の場所は床の間付近ですね。

平田 飛び石の場合だと、お客様が歩いていくときの風景も当然意識されているのでしょう。

小川 飛び石は少し特殊な仕掛けでして、先に飛び石がなければどこを歩いてもいいという話をさせていただきましたが、石を踏み外さないようにと、目線も比較的足元に集中します。飛び石を打つだけで見ている世界が変わるということも意識されていると思います。

平田 足元を見ながら当然どこかでふと顔を上げたりしますよね。すると視点も変わる。

司会 演劇でもそういった仕掛けを使いますか。

平田 演劇はもちろん、観客の視線を意識しています。ですから舞台上のどこにお客さんの視線がいくかを考えて演出をするんです。当然セリフをしゃべっている人のところに集中するんだけれど、ある瞬間にグッとズームアップさせたいことがあります。映画と違って演劇の大変なところは、カメラを使って寄ったり引いたりできないことです。お客さんの脳の中でその作業をしてもらわなきゃいけないので、それを逆に計算して演出するんです。ここはクローズアップして見てもらいたいとき、ここは全体を俯瞰して見てもらいたいとき、というふうに一応計算してつくる。

演劇も時間を支配しているという意味では、庭づくりと似ているところがありますね。最近の現代美術にはインスタレーションというのもありますけど、普通の美術作品だと基本的にあまり時間は関係しません。でも庭は時間とともに変化しますし、演劇も時間とともに展開していきますからね。そこはとてもおもしろいと思います。

小川　お庭にも人生があると考えると、木は何百年か生きますし、石は何十万年、地面にいたっては何十億年生きてきたわけで、そういう世代差のあるものが混在してお庭は成立しています。そんな長い時間軸をもつお庭の価値判断を、たかだか何十年かの寿命しかない人間がするのは難しいのですが、理想とするのは、そのお庭が何を見せたかったかということを見失わないことです。姿そのものは時を経たら相当変わるので、えてしてそれが見失われているお庭が多くなっています。

幼少期におじいちゃんおばあちゃんと撮った一枚の写真を見つめ、「あれはお庭のこの辺りの場所だったかな」と、お庭を舞台に思い出が蘇れば、時間がつながってその方の人生にいい働きができるといいますか、お庭をつくった意味があるような気がします。

平田　常に手を加えていないと最高の状態にならない芸術というのは、すごく珍しいですね。しかも、放っておくとどんどん育って変わっていっちゃうんですから。

それにしても演劇も悠長な芸術ですけど、お庭も相当悠長ですよね。メンテナンスを前提としながら一〇〇〇年、二〇〇〇年と続いてきて、しかもそれを同じ家が代々担っているのもおもしろい。建築家でさえ、建ててしまえばそれで仕事は終わりますからね。

小川　お庭は持ち運びもできませんし、今すぐ結果を出せるものでもない。その悠長さに私も大分悩んできましたけど、最終的にはこの長い時間軸こそが大きな強みであり、切り札になるような気もしています。

伝えること、読み解くことの快感

司会　小川さんからも、平田さんに聞きたいことをぜひご質問ください。

小川　先ほどお庭の時間軸の長さを石や木の人生になぞらえてお話しましたが、それに比べると人の人生は圧倒的に短いですね。私はそれを日々感じながら、時々人は何のために生きているのかなと思うことがあるんですが、それに対してはどうお考えですか。

平田　一応僕の立場としては、人は演じるために生きているのだと思っています。正確に言うと、人は演じ分ける生き物だと思っているんですね。

小川　いろんな仮面を被っているということですか。

平田　人間というのは基本的に演じることに何かの快感原則があるんだと思います。実際、子どもはままごととかごっこ遊びとか、演じるのが好きですよね。なぜかというと、他者になって何かを伝えるということが楽しいからだと思うんですよ。

私の友人で京都大学の総長をなさっている山極壽一さん（注6）が、サルの仲間の中でゴリラだけが父親になったときに父親役を演じるということを発見されました。ニホンザルのような下等なサルはえさを取り合ったりするんですけど、ゴリラだけは妻とか子どもに分け与える行動をとるんです。ただ、それは父

親になった瞬間から始まる行動で、ほかのオスゴリラは成人してもしない。これは明らかに父親を演じているだろうと考えられるわけですが、そのゴリラでさえ演じ分けるということはしません。妻に対する態度と子どもに対する態度が違うゴリラはいないのです。

逆に人間で妻に対する態度と子どもに対する態度が同じ人がいたら、その人はちょっと社会性のない人だと思いますよね。つまり演じ分けるのは人間だけで、恐らくそれは人間が群れと家族の両方に所属している唯一の生き物だからだと僕は考えています。チンパンジーは群れ単位で動き、ゴリラは家族単位で動く。人間はその両方ができるから、伝えるという行為が生まれたのだと思っているんです。

要するにみんなが一緒に行動していたら伝える必要はないけれど、そうではないから、例えば狩りから帰ってきたお父さんは「今日、こんなでかいマンモスがいてさあ」とマンモスを見ていない家族に伝える。逆に狩り先では仲間に「うちの女房、今日はちょっと機嫌悪いんで肉をたくさん持って帰らなきゃ」みたいな説明をしなきゃいけない。すると今度は伝えるのがうまいやつが出てくる。それは言葉で伝えるだけでなく、絵で伝えたり、身振りで伝えたり。それが芸術とか芸能の一つの起源じゃないかと、僕は考えているんです。

そしてうまく演じられたり、うまく伝わったときには快感みたいなものがあって、それが人間を、人間たらしめてるんじゃないか。僕は基本的に、周囲の期待にこたえて演じ分けるのが人間の大きな特徴であり、快感なんじゃないかと思っているんです。

司会 その快感というのは、先ほど小川さんがお話されていた、代々つくってきたお庭に向き合い、先祖の思いとか、当時の生活や文化を読み解くことができたときに感じられる喜びにも通じているような気がします。

小川 こっちを向いている石が「こっちだよ」と教えてくれているような、そこに石を据えた先祖なり先人の判断や気持ちを代弁しているような気がしたときには、これまでそのお庭に関わってきたすべての人が一つのチームというか共同体であるように感じます。

平田 具体的なことがわかることもあるんですか。例えばご先祖は、本当はこうしたかったけれどクライアントの都合でこうなったんだなとか、このクライアントは成金だったんだろうな、みたいなこととか（笑）。

小川 それはもう、後付けるようにいろんなことがわかります。わかりやすいところに大きな灯籠が突然そびえていたり、誰が見ても絶対にやらないほうがいいことを、人はつい「私はこんなにすごいんだぞ」と誇示したくてやっちゃうんですね。

平田 そういうことは演劇でもあります。どうしてここでこの人を登場させるのかというと、実は座組みの事情とか配役の事情からやっていたりしたことが、後のシェイクスピア研究などからわかったりするときがあります。それにしても庭の場合、ご先祖さまや当時の人たちのことまで読み解けるというのはおもしろいですね。

時代を超えて「共感」を呼ぶ技とは

司会　実際に先人の思いに気づいたり、その意図を読み解いたりできるのはどんなときですか。偶然気づくということもあるかもしれませんが。

小川　そうですね。例えば何年もずっと同じようにしゃがんで掃除をしている庭で、ふと立ち上がったときに、なんとなくこっちを向いている石に気づいたりするわけです。いろんな石がいろんな方向を向いている中で、何かちょっと風合いが違っていて、あたかも「気づいた人はここまでいらっしゃいよ」と呼んでいるような感じで置かれていて、実際、その石の上に立ってみるとお庭の一番大事なものが見える角度だったりする。その石は「こんな景色も見られるんですよ」と教えてくれていたんですね。

司会　毎日見ていても気づかなかったものが、ある日突然ちょっとした気づきで見えるようになるということですね。演劇でもそれと同じようなことはありますか。

平田　それはもちろんありますよ。ただ、それはお客さんの立場と演出家の立場ではまた違う。演出家はたくさんのお客さんを相手にしていますので、そのどのぐらいのところに想像力を見積もってやるのかということがポイントになります。日本では再演とかロングランがほとんどないので、お客さんの側は一回見て終わりですけれど、本当は同じ作品を何度も見てもらったり、あるいは同じ作品を違う演出家の演出で見てもらったりするのが演劇にとっては大事なことなんです。ですから僕はよく、結末がわかっていても何回も見に来てもらえるものが本当にいい戯曲なんだという話を劇作家の卵たちにします。

例えば、皆さん「ロミオとジュリエット」の結末はご存知でしょう。最後は死ぬことがわかっているにもかかわらず、この古典作品は四〇〇年間演じ続けられているんですよ。

小川　先ほど蹲踞のお話の中で手燭石とか湯桶石のご説明をしましたが、今や手燭とか湯桶といってもお持ちでないばかりか、どんなものかご存知ない方も多くなっています。そうした中、代々続いてきた私たちの仕事について考えることがよくあります。昔からのお庭の価値はどこにあるんだろうと。一方で、芸術にはシェイクスピアをはじめ時代を超えて愛され続けているものがたくさんありますね。その価値についてはどう思われますか。

平田　シェイクスピアの時代にもたくさんの劇作家がいたんですけれども、今、シェイクスピアしか残っていないのは、彼の作品だけが現代性をもっていたからです。幽霊などが出てきますから、もちろん近代戯曲ではないけれども、シェイクスピアは人の右往左往のさせ方がものすごくうまくて、見ている者をやきもきさせるんです。しかも演出が変われば途中のやきもきのさせ方も違うので、観客は何度見てもやきもきしてしまう。そのやきもき感が、いつの時代も人をひきつけるんでしょう。

小川　それは違って見えることを念頭に置いて設計されているんですね。

平田　もちろんそうです。シェイクスピアは四〇〇年前ですが、ギリシャ悲劇にいたっては二五〇〇年前のもので、人間は二五〇〇年前も同じことに悩んでいたんだな、ということに共感できるということもありますね。

小川　共感されるということが大事なんですね。

平田　僕がよく例に出すのは、小学校などで行われるいじめのロールプレイです。そこでは経験の浅い先生ほど「いじめられた子の気持ちになってごらん」と言うんですね。それはいじめられた子の気持ちがわかることを前提にして言っているのでしょうが、いじめられた子の気持ちがすぐにわかる子はいじめないと思うんです。つまり、わからなくていじめている子にそんなことを言っても無理なんですね。でも、いじめっ子の側にも何かされて嫌だった経験は必ずあるはずですから、「こういう気持ちになったことない?」とか「この前A君から何かされて嫌そうにしてたけど、あのときの気持ちはどうだった?」といったように、相手が共感できるポイントを見つけることが必要なんです。

小川　なるほど、それは私にとっても大変勉強になります。

司会　多岐にわたったお話で、「視座を変えてみえる世界」というテーマに近づけたような、難しかったような感もありますが、一回で核心に触れることはできなくても、今後もいろんな方とお話しながら、ちょっとずつ皆さんと一緒に考え続けていければと思っています。本日はどうもありがとうございました。

(注)

注1：七代目小川治兵衛（一八六〇－一九三三）

明治初期、京都東山の借景と琵琶湖疏水の引き込みを生かした近代的日本庭園群を手がけたことで名高い作庭家。平安神宮、円山公園、無鄰菴（山県有朋別邸）、清風荘（西園寺公望別邸）、ほか多数の作庭を手がける。

注2：ナレッジキャピタル
二〇一三年春、企業人、研究者、クリエイター、一般生活者など、さまざまな人たちが行き交い、それぞれの知を結び合わせて新しい価値を生み出す〝知的創造・交流の場〟として大阪・梅田の「グランフロント大阪」内に開設された。
注3：ロボットを使った演劇
二〇一三年五月、大阪大学ロボット演劇プロジェクトと吉本興業がタッグを組み、グランフロント大阪「ナレッジシアター」こけら落とし公演としてロボット演劇「銀河鉄道の夜」を上演。
注4：石黒 浩（一九六三―）
外見や動きが人間そっくりのアンドロイド（人型ロボット）等の研究をするロボット工学者。大阪大学教授。
注5：鷲田清一（一九四九―）
臨床哲学、倫理学を専門とする哲学者。大阪大学教授、副学長を経て第十六代大阪大学総長（二〇〇七〜二〇一一年）。
注6：山極壽一（一九五二―）
ゴリラを主たる研究対象として人類の起源を探る日本の霊長類学者。京都大学教授を経て二〇一四年より京都大学総長。

間奏

二頁だけの読書会
「対話で創る
これからの『大学』」

二頁だけの読書会
「対話で創るこれからの『大学』」

講　師

八木絵香（大阪大学COデザインセンター 准教授）
水町衣里（大阪大学COデザインセンター 特任助教）

2018年4月18日、19日にグランフロント大阪（大阪・梅田）で行われた「ナレッジキャピタル大学校」では、さまざまな分野でオリジナリティあふれる取り組みを展開する組織の代表者や気鋭の研究者・専門家が特設の「教室」ブースで112コマの「講義」を行いました。その「講義」のひとつとして、COデザインセンターは〈二頁だけの読書会「対話で創るこれからの『大学』」〉を企画。「教室」に集まった人びとと「大学」をめぐる対話をとおして、相互に新たな視点やアイデアに出会う機会を持ちました。

CO デザインセンターの概要と今回の企画の趣旨を参加者に説明する八木絵香氏。
ナレッジキャピタル コングレコンベンションセンターで行われた「ナレッジキャピタル大学校」特設ブース「図書のある教室」で。

「二頁だけの読書会」（注1）は、一冊の本の「とある見開き二ページ」を、本の著者である研究者と一般の方々がともに読むことを入り口として、研究活動やその成果を分かち合い、学び合う対話プログラムで、二〇一三年以来、大阪大学の人文・社会科学系の研究者を中心に随時開催されてきました。

今回、会場の皆さんと読む「二頁」に選んだのは『対話で創るこれからの「大学」』（大阪大学出版会、二〇一七年）の二二〜二三ページ。本書は、二〇一六年度に大阪大学COデザインセンターが実施した九つの対話の記録を元に構成したものです。まず参加者の皆さんに、「第一楽章　知の協奏と共創」の最初の対話「社会の〈公器〉としての大学」（馬場正尊×小林傳司）の中から抜粋した二頁に目をとおしていただきました。

第1楽章　知の協奏と共創

小林傳司 氏

絶対正しいし似つかわしいと思います。

小林　文部科学省もさすがに日本の立ち位置がこれからどう変わるかということは意識しています。日本は今や先進国です。その意味は、高齢化、人口減少といった日本が抱えるさまざまな問題点は、世界のどこも経験したことがない状態になっているということです。今までは何か厄介な問題があると西洋の先進国に行って調査研究し、そのやり方をコピーする、知的植民地体質だったんです。しかしこのモデルを踏襲していたのではもうもたない。自分で考える人間をつくらないといけないということなんです

22

学出版会 2017年

題材として配られた『対話で創るこれからの「大学」』からの見開き2ページ。

は思っています。

翻って、大学は入試のシステムを変えないといけない。国公立大学の入試で今課されているセンター試験は、決められたルールの中ですばやく解答を見つけだす能力を評価しています。その能力も悪くはないけれど、それしかできない人間は絶対クリエイティブにならない。やはり失敗しても自分で考え続けるよ

うな人間が必要で、そうした人材をどうやって増やすか。

馬場 物事は開発してこそなんぼだし、大学はまさにそういう場であってほしい。何かを学びとるだけじゃなくて、話し合える場、実験できる場。

司会 入試で合格した者だけが学ぶという形しか提供できなければ、多分これからの大学は残れないでしょう。この「超学校シリーズ」のように大学もどんどん街へ出て、しかも一方的に教えるのではなく、答えが出ないようなことも含めていろんな形で一緒に考えられる場をつくる。大学の公共性はそういうところにあるのではないでしょうか。では最後にお二人に一言ずつ感想をいただけますか。

馬場 今日はすごく楽しかったと同時に、とてもいいヒントをもらいました。みなさん、パブリックを行政空間だと思っていませんでしたか？ 僕はパブリックスペースというものを考えることによって、パブリックという概念自体を問い直したいと最近思っていて、そこに今日、大学というテーマを与えられたことで気づいたことがあります。それは、大学はクリエイティブでなければいけないということも含めて、ものすごくアクティブで楽しい公共空間、パブリックスペースのはずだということ。つまり大学をおもしろくすることは日本のクリエイティブであり、おもしろいパブリックをつくることにも直結していると気づいたので、自分の大学でも今後いろいろ実

馬場正尊 氏

その後、隣に座った方同士で「気になった言葉」「気になった文章」について話し合っていただいた上で、参加者全体で自由に意見交換を行いました。

主な意見は、以下のようなものです（太字は「気になった言葉、文章」の引用）。

・「**大学は（中略）パブリックスペースのはず**」、と書かれていたのは、阪大の（外部から見ると閉鎖的な）キャンパスの雰囲気を知っているものからすると意外だった。
・「**先進国は自分で考える人間のいる国**」、「**日本は本当に先進国になる覚悟はありますか？**」という文章が気になった。
・「**日本は長らく西洋を見て生きてきた**」とあるが、日本はある一時期、海外を見なくてもやっていけると思ったのではないか。実際は海外から学ぶべきこともまだまだ多くあるはず。
・大学は「**自分で考え続けるような人間**」を育てる場であってほしい。
・阪大は非常に多くの知的財産を持っているのだから、社会に活かせる「知」がもっとあるはず。
・それぞれの世代がそれぞれに変わることが求められている。
・個々人（大学の人も）が、それぞれに、自身に足りていないものを自覚すべきだ。
・「**クリエイティブ**」な人間であることが何よりも大切だと思う。その点から見て「**心の切り換え**」という言葉が気になった。
・いろいろな視点を学ぶことで、自分の軸を作ることが必要なのでは。

30 名を超える受講者で満席となった「図書のある教室」。

「ナレッジキャピタル大学校」には 2 日間に約 7,000 人が集まり、「図書のある教室」のほか、「寺子屋みたいな教室」「遊牧民式の教室」など 11 の教室で 112 コマの講義が次々と行われた。

五〇分という短い時間の中で、ほかにも多くの方にそれぞれの視点から発言していただきました。一つの意見からまた別の意見が引き出されるなど、非常に活発な意見交換をとおして、大学の役割とは何か、大学はどのような場であるべきか、現代の日本や社会で求められることや人材、そのための要件など、皆さんに自らの意識や思考を広げたり深めたりしていただく機会となりました。

「大学もどんどん街へ出て、しかも一方的に教えるのではなく、答えが出ないようなことも含めていろんな形で一緒に考えられる場をつくる。大学の公共性はそういうところにあるのではないでしょうか」という言葉を実現させた企画の一つです。

（注）

注1：「二頁だけの読書会」

「アカデミックな本を一人で読破するのは大変そうだけれども〈とある見開き二頁〉だけを取り出して著者や他の参加者と一緒に読んでみたらどうなるだろう」という発想で、二〇一三年に立ち上げられた読書会風の対話プログラム。大阪大学経営企画オフィスURA部と大阪大学出版会、りそな銀行の連携により開催されてきた。研究成果だけでなく、人文・社会科学系の研究ならではの、ものの見方・考え方、研究手法などを伝えるとともに、参加者との対話をとおして互いに新たな視点やアイデアとの出会いを楽しむ機会を提供する。

『対話で創るこれからの「大学」』
（大阪大学出版会、2017 年）

第2楽章

答えのない課題に「向き合い続ける」

「わからないこと」を楽しむ

対談者	竹内慎一（NHKエデュケーショナル教育部 プロデューサー） 橋本幸士（大阪大学大学院理学研究科 教授）
司　会	八木絵香（大阪大学COデザインセンター 准教授）

わたしたちは学校や社会の中で、さまざまな知識や理論、法則などを教えられ、学んできました。しかし「それはなぜ?」と問われて答えに窮することも少なくありません。世の中には、当たり前のことだと思い込んでいたり、わかったつもりでいるだけのことがたくさんありそうです。では、そもそも「わかる」とはどういうことでしょう。そんな問いを原点に、数々の画期的な科学番組を企画・制作してきたプロデューサーと、理論物理学という究極の「わからないこと」に日々向き合い続ける最先端の科学者が、「わからないこと」を考え続ける中で味わう楽しさやその意義、その伝えかたを探ります。

対談者プロフィール

竹内慎一［たけうち しんいち］

東京大学農学部卒業後、NHKに入局。近年は「大科学実験」「考えるカラス～科学の考え方～」「カガクノミカタ」などの科学教育番組や、不登校・多様な学びについて扱った番組を中心に制作。これまで手掛けた番組は、英国ワイルドスクリーン・フィルムフェスティバル パンダ賞、日本賞 外務大臣賞、科学技術映像祭 優秀賞、米国際フィルムビデオ祭 ゴールドカメラ賞などを受賞。

橋本幸士［はしもと こうじ］

専門は理論物理学、弦理論。1973年生まれ、大阪育ち。2000年、理学博士（京都大学）。カリフォルニア大学サンタバーバラ校、東京大学、理化学研究所などを経て、現職。著書に『超ひも理論をパパに習ってみた　天才物理学者・浪速阪教授の70分講義』、『「宇宙のすべてを支配する数式」をパパに習ってみた　天才物理学者・浪速阪教授の70分講義』（講談社）などがある。

司会　二〇一九年度のナレッジキャピタル超学校シリーズは「向き合い続ける」というテーマで三回の対談を予定しています。私たちは常日頃、答えがすぐに出てこないことや、ともすると答えすらないようないろんなものごとに、何らかの形で向き合い続けなければいけないことが多いですね。この向き合い続けるという姿勢、あるいは向き合い続けること自体がどういうことなのかということについて、このシリーズでは考えたいと思っています。

第一回目の今日のテーマは〈「わからないこと」を楽しむ〉ということで、大阪大学大学院理学研究科の橋本幸士さんと、ＮＨＫエデュケーショナルのプロデューサーである竹内慎一さんに対談していただきます。最初にお二人それぞれから専門のお仕事以外の活動も含めて自己紹介をしていただきたいと思います。まず橋本さんのほうからよろしくお願いいたします。

橋本幸士 氏

橋本　「わからないことに向き合う」というテーマには、僕も一応、理学研究科の研究者ですので、毎日向き合っている自信はあります。ただし、その向き合い方が正しいか、効率がいいかといったことについては自分では全くわからないので、竹内さんとのお話を通じて考えていければよいなと思っています。

まず、僕のような理論物理学者がわからないことにどのように向き合っているのかを知っていただくために、日々の姿からお話したいと思います。はじめに理論物理学者のイメージについて皆さんに伺います。一番よく知られていると思われる物理学者は誰でしょうか。頭の中でちょっと思い浮かべてみてください。そしてその人のイメージと僕の印象とはどれくらい違うか、そのギャップを見ていただきたいと思います。

ポピュラーな人物像としては、映画「天地明察」(注1)で天文学者を演じた岡田准一でしょうか。ただしあれは江戸時代が舞台ですので、もっと現代的な例を挙げるとドラマ「ガリレオ」(注2)で理論物理学者を演じた福山雅治。しかし、実際の理論物理学者は福山雅治が着ていたような白衣は着ていませんから、あれも完全に虚構の世界です。さらにもう少し近い例を挙げると、ドラマ「トリック」(注3)でちょっと奇想天外な謎を解いていく阿部寛も理論物理学者という設定です。しかし、これも実際とは違うんですね。よく見ると、阿部寛はきちんと襟付きのシャツを着て、ジャケットとスラックスに身を包んでいますが、残念ながらそんな理論物理学者はまずいません。どんな格好かというと、半袖、半ズボンにスリッパ履きが基本的な服装です。僕も今日は皆さんの前に立つので「ジャケットぐらい着て行きなさい」と妻に言われて着ていますが、普段はTシャツ姿で冬は半ズボンがジーパンになります。ほんまかいなと思う人もおられるでしょうが(笑)、我々の業界では数百人集まる大きな国際会議でもスーツを着ている人はゼロです。

司会　毎日わからないことに向き合っておられるという一日を、どのように過ごされているのですか。

橋本　朝起きてから寝るまでの一日をグラフ化してみると、計算もしくは議論にかなりの時間を割いていますね。

司会　なんと一日一八時間も計算と議論をしているのですか。

橋本　何をしているかもう少し具体的に言いますと、私の研究室には壁一面に足元から天井までの大きな

写真１：大阪大学内、橋本研究室の一面の大黒板。

黒板があって、この黒板で延々と計算しています（写真１）。そこに共同研究者が入ってくると議論になります。議論というのは、お互いわからないことがたくさんあって、それをぶつけあい、そこから新しい考え方をひねり出す。そういう時間です。これを夜も寝るまでやっています。

司会　計算というのは、何を計算しているのですか。

橋本　この世界を支配しているさまざまな運動の法則を発見したり、その法則の運動方程式を解いたりして、そこから新しい現象を予測するのが理論物理学者の仕事です。法則の発見に至るまでにはさまざまな経緯があるのですが、わからない現象がこの世の中にあふれている中で、それを科学的に信頼できる、つまり誰が解いても同じ結果になるような方程式を探しだすのです。

そのような運動方程式は実はあまり種類がないので、発見者にちなんだ名前がついています。では物理の方程式で、世の中で一番知られているものは何でしょうか。$E=mc^2$が最もよく知られている式じゃないかと僕は思っています。Ｅはエネルギー、ｍは質量、ｃは光速で、質量はエネルギーに転換できるということを言っている非常にシンプルな式です。これはアインシュタインが見つけたもので、原子力や原爆の開発にもつながりました。人類に対する影響が大き過ぎる方程式ですね。

実は、この方程式を解く場面が、ある映画の一シーンとして使われています。映画の名前はアニメ版の「ＧＯＤＺＩＬＬＡ」（注4）、ゴジラ全三部作の最終章でハルオという科学者が、原爆から生まれてきた怪獣ゴジラを倒すんです。ちょうど瀬下寛之監督とお話する機会があり、リアリティのある科学者の姿を描きたいということで、その部分の考証をお手伝いしました。

そうした活動の背景には、僕が常々おもしろいと思っていることがあります。それは、世間では科学者が何をやっているかは知らないけれども、すごく興味があるという人がとても多いにもかかわらず、その人たちに研究の内容を説明すると、大抵の人は眉間にしわを寄せて「難しいことをやっていますね」と言って話が終わってしまうんですよ。そこで自分の研究を理解していただくためには、もう少し前段階、つまり科学者の生態みたいな部分から知ってもらうことが必要だと思うようになりました。この映画のお手伝いもそれを意識したもので、科学を語る前に科学者自身を知ってもらう活動をいろいろしています。

司会　橋本さんは『超ひも理論をパパに習ってみた』（注5）など、一般向けのユニークな本も出されていますね。

橋本　科学者が書く本というと、まず教科書なんですけれども、教科書は例えばファインマンとか偉い物理学者が書いた良い本がたくさんありますので、手法を変えて科学者が娘に科学を語るという体裁で小説を書いてみたところ、漫画にもしていただきました。最新刊の『「宇宙のすべてを支配する数式」をパパに習ってみた』（注6）はお父さんが高校生の娘に素粒子物理学を教えるという設定で書いたもので、今年僕の娘も高一になり、ちょうど対象年代に突入したので渡してみたんですが、これが全く読まない（笑）。

ともかく最初の本をきっかけに、松本穂香さんという新進気鋭の女優さんのお父さん役の科学者として

ＮＨＫの番組（注7）にも出演させていただいたり、科学者の実態を世の中にもっと知ってもらおうとツイッター（Twitter）もやっています。おかげさまでフォロワーが一万人を突破しました。もう一つ、フェイスブック（FaceBook）で「巨大科学萌え」というグループ（注8）もつくっています。これは科学のおもしろさを知ってもらう手段をいろいろ考える中で思いついたもので、例えば巨大な装置を見てすごく興味がわいたりすることがあるでしょう。そういう写真が好きな人も多いんじゃないかと思って三人で始めたんですけど、半年経ったら千人以上のグループになり、本物の物理学者もどんどん参加してきて、彼らが極秘映像とかをアップし始めたのでえらい騒ぎになっています。これも誰でも入れますので一度見てみてください。

また、科学者の研究活動はそのまま芸術作品になるんじゃないかという芸術家たちとともに去年は舞台にもあがりました。とはいえ、僕の役回りはセリフなどがあるわけではなく、いろんな方が踊りや身体パフォーマンスを披露する後ろで黒板に向かって延々と科学の研究をするというもので、舞台に上がった自分としても大変おもしろかったし、科学する姿が直接伝わったという点では非常に満足しています。

「わかる」ってどういうことだろう

司会　橋本さんの多彩な活動に続いて、竹内さんのご活動を伺いたいと思います。

竹内　今日の「わからないこと」を楽しむというテーマは、何年か前からやりたいと思ってきたこととちょうど合致しているので、とても楽しみにやって来ました。橋本先生も含め、天才物理学者と言われるような研究者の方ってきっと何かわからないことがあって、それをおもしろいと感じてずっと研究しておられるのだと思います。そこで、そのおもしろさを多くの人に伝えたい——こういう対談の場もその一つですが、僕の場合はやはり放送番組をつくりたいと思うんですね。実際、以前にも一回つくったことがあるんですが、その続編といいますか、できればシリーズ化できる企画につながればと思っています。

司会 これまでどんな番組を手がけてこられたのですか。

竹内 「NHKのど自慢」とかニュースとかいろんな番組をつくってきたのですが、もともと動物生態学という理系の分野を学んだこともあってか、主に担当してきたのは科学系の番組です。少し番組名を挙げますと「ためしてガッテン」(注9)とか、科学教育系では、「大科学実験」(注10)、「考えるカラス～科学の考え方～」(注11)、「カガクノミカタ」(注12)などです。

竹内慎一 氏

実は科学番組って、ただありのままに見せてもなかなか視聴者の興味を引くことができないので、いろいろな工夫が必要です。例えば道端を歩くアリとかバッタを見せるのに、栗林慧さんというすごい昆虫写真家が発明された「虫の目レンズ」で撮ると、まるで自分もアリやバッタになった感じで、思わず「オオー!」と驚くような映像になります。それでこの手法を使って番組をつくったこともあります。また、数学って映像にすると実は結構きれいなんじゃないかと思って、いかに美しく数学を見せるかを考えて「フィボナッチ数列」という数列を

写真２、３：時速140キロの車を使って行った「テーブルクロス引き」の拡大実験。NHK Eテレ「大科学実験」より。©NHK, NED, JCC

扱った番組（「Ｒｕｌｅｓ～美しい数学～」）をつくったりもしました。

「大科学実験」という物理をテーマにした番組は、学校で教えられて頭では当たり前だと思っている理論や知識、法則などを「やってみないとわからないよね」というスタンスで実際にやってみる番組です。ちょっと映像を見ていただきましょうか（写真２、３）。

皆さんは「テーブルクロス引き」ってご存知ですよね。普通は小さなテーブルの上にクロスをかけてグラスなどを並べ、その下に敷いたクロスだけを一気に引き抜く芸ですが、その拡大実験として、茨城の小さな飛行場で車を使ってテーブルクロス引きをやってみました。実はこれは慣性の法則に関する実験で、ちょっと強引でばかばかしいですけど、普通にやるだけじゃおもしろくないので大掛かりにしてみたんですね。「大科学実験」には、こういった番組が全部で七〇本ぐらいあると思います。

実はそれまで小学生向けの理科教育番組をつくることが多くて、どうしても学習指導要領寄りの内容になってしまっていることに当時モヤモヤ感を抱えていたんですね。

司会　そのモヤモヤ感をもう少し説明していただけますか。

竹内 結局、誰か偉い人によって得られた答えや知識をただ教えるだけの番組になっていて、受け手の子どもは本当にこれでおもしろいのかなとずっと疑問を感じていたんですよ。それで伝えるのは知識より考え方のほうがいいんじゃないかなと思い始めていたところ、お台場の日本科学未来館で開催された「科学・技術でわかること、わからないことＰａｒｔⅡ」というセッションに呼ばれました。実は前年の二〇一一年にＰａｒｔⅠがあって、そこで東日本大震災の反省として「科学や技術に絶対はない」ということが科学者の間では当たり前のこととされているけれども、一般には定着していないことが指摘されていました。例えば「震災で津波が来ても九メートルの防潮堤があれば大丈夫」という発言があったとして、本当は留保つきのものなのに、受け取る側は科学者が言っていることだから「絶対正しい」と受け取っちゃうというようなことですね。

その時にＮＨＫの「ためしてガッテン」はいい番組だけど、最後に回答者みんなが、ガッテン（合点）してしまうことがあまり良くないかもしれないと言われてしまいました。つまり、それが安易に鵜呑みにしちゃう態度につながるのではないかということです。それで、思わず「ごめんなさい、僕もつくったことがあるんです」っていう感じになってしまいました（笑）。

そんなふうにいろんな方のお話を聞いて、いわゆる「科学による知識」をただ伝えるだけではだめなんだろうなと考えながらつくった番組が「考えるカラス～科学の考え方」という番組です。これは科学の知識ではなく考え方を伝えたいという思いでつくったものです。斎藤工さんの素晴らしい声で番組中、何度も流れる「観察、仮説、実験、考察」という言葉がそれですね。

この番組をつくるときに、もう一つ考えていたことは、不親切な番組にしようということです。今まで

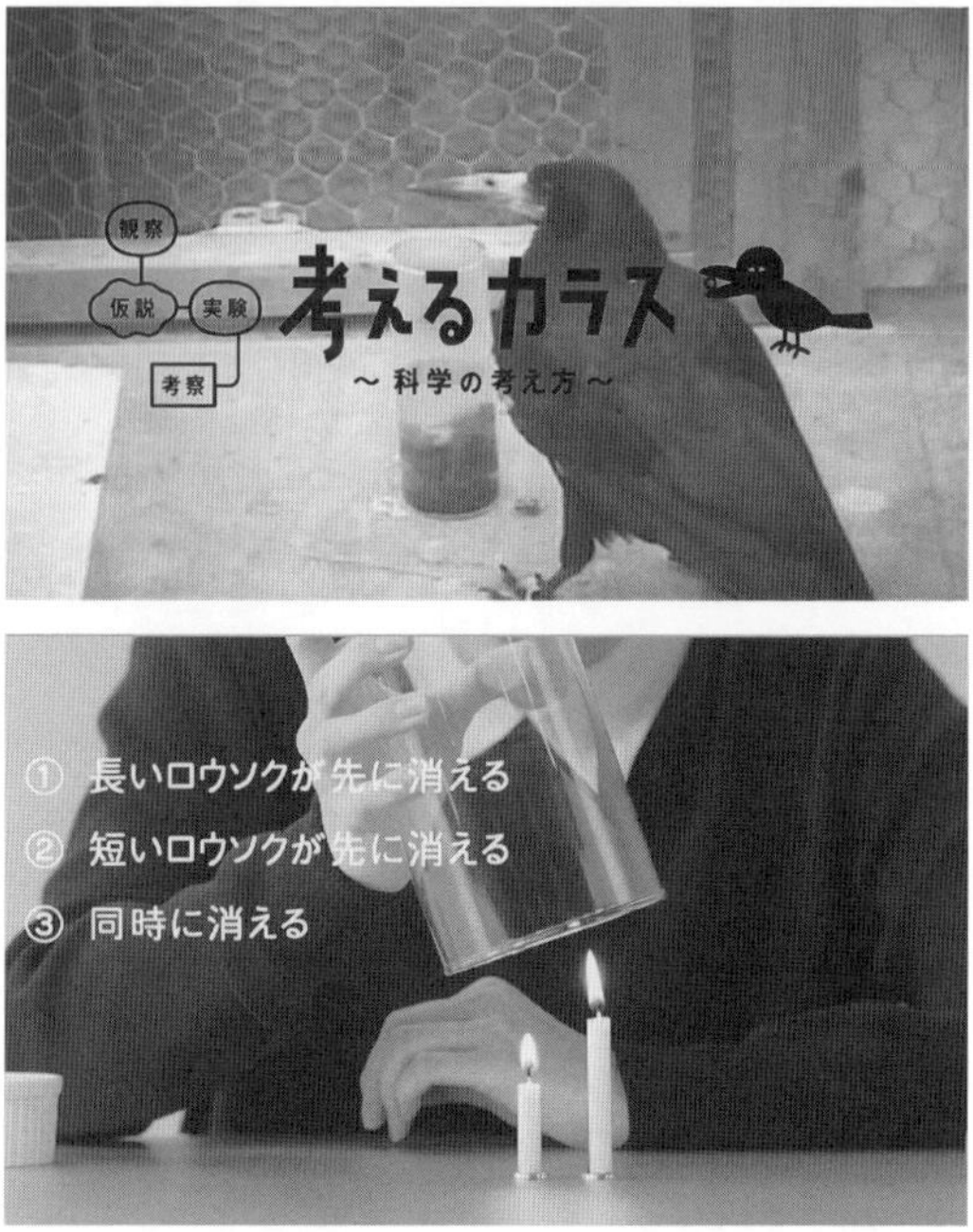
観察
仮説
実験
考察
考えるカラス
～科学の考え方～
① 長いロウソクが先に消える
② 短いロウソクが先に消える
③ 同時に消える

写真4、5：知識でなく考え方を伝えることを狙ったNHK Eテレの科学番組「考えるカラス～科学の考え方～」。長いろうそくと短いろうそく、どっちの火が先に消えるでしょう？　実験場面より。©NHK

僕たちがつくっていた番組というのは、教育番組に限らず懇切丁寧に教えよう、伝えようとし過ぎていて、それは実は見ている人に失礼なんじゃないかと。それで見る人をもうちょっと信用した映像や番組をつくれないかと思ったのです。

実際に「考えるカラス」の映像をご覧いただきましょう（写真4）。女優の蒼井優さんが「長いろうそくと短いろうそくがあります」と言って、ろうそくにビーカー状のガラスをかぶせた後、「どっちの火が先に消えるでしょう」と問いかけました。みなさんは①長いほう、②短いほう、③二本同時に消える、のどれだと思いますか。「答えは番組の最後に発表します。みなさん、考えておいてくださいね」と蒼井さんは言いながら、実際に実験を始めました（写真5）。

フロアのみなさんの予想は③が一番多かったですね。橋本先生はいかがですか。

橋本　僕は①だと思います。

竹内 それでは映像の続きを見てみましょう。
さすが、橋本先生。長いほうが先に消えました。ではなぜ長いほうが先に消えたのでしょうか。「ポイントは二酸化炭素です。二酸化炭素は普通、酸素より重いのですが、実は……」というところで「ここから先は自分で考えよう。これからは、みんなが考えるカラス」というナレーションで番組は終わります。

司会 そういう終わり方だと、放送後、たくさんの反響があったのではないですか。

竹内 実はホームページに答えが載っているんじゃないかという問い合わせが結構きたんですけれども、一番確からしいであろう仮説はあえて公式ホームページには一切載せず、「あなたはどう考える?」というふうにみなさんの考えを募集しました。狙いは○や×で答えを知ってもらうことではなく、自分なりの考えをつくっていただくことでしたから。
放送後、子どもから大人まで教育現場の人に限らず、多くの人々からたくさんの反響がありました。おもしろかったのは、夫婦の会話が増えたというもの。なぜかというと、昼間放送しているので主婦も見ているんですね。それで奥さんはああでもない、こうでもないと考えてモヤモヤしながら過ごし、帰ってきた旦那さんをつかまえて「これどう思う?」って聞くわけです。すると旦那さんもいろいろ考えて答えますよね。そんなところから何年ぶりかで会話が弾んだというものでした。僕自身、全然知らないおっちゃんたちが飲み屋で「あれはなぜか?」と話しているのを聞いた時は、ちょっとうれしかったりしました。
そうしたたくさんの反響の中で、共通していたのが「モヤモヤする」という言葉でした。このモヤモヤするって悪い意味もありますが、物事を鵜呑みにしてすぐに納得したりせず自分なりに考えている状態だととらえると、少なくとも僕たちにとっては、いい意味で解釈できるんではないかと思っています。

番組に触発されて自分なりに研究した課題で愛媛県知事賞をとった小学生が出てきたり、番組から派生したワークショップが行われたり、いろんな展開もあった中で、実は僕にはまだモヤモヤしていたことがありました。それはちょうどアクティブ・ラーニングが注目され始めたこともあって、一口に能動的に学ぶといっても、問い自体を自分でつくらないと能動的に学んでいることにはならないんじゃないかということでした。それで何か自分で問いを見つける手助けができないかと思ってつくった番組が「カガクノミカタ」です。それはまさに橋本先生もご著書で触れておられた「科学の芽」という言葉と同じで、さまざまな不思議を見つける感性みたいなもの。それをどうやって芽生えさせ、育めばいいんだろうと考えながらつくったんですね。それには当たり前のことを疑ってみることも大事じゃないか、とも思っていました。

司会　不思議を見つける感性……。もう少し具体的にはどのようなものでしょう。

竹内　個人的な例ですが大学に入りたての頃、『まだわからないことがある』（注13）というタイトルの本を見つけて非常に救われた気がしたことがあります。僕は共通一次試験世代のせいか、勉強というとどこかやらされている感があったんですね。世の中のことも偉い人が全部わかり尽くしていて、僕らの知識や勉強がそれに追いついていないだけというような誤解をしていて、ある種の閉塞感のようなものを感じていたんです。でもこの本を見てから救われたと同時に「本当にわかることって、そもそもどういうことなんだろう」といったことを考えるようになりました。

もう一つの例として、「コンタクト」（注14）という映画があります。最後のシーンで「宇宙に人はいるの？」と問う子どもに、天文学者役のジョディ・フォスターは「いい質問ね。あなたはどう思う？」と聞き返します。それに対して「わからない」と答える子どもに、今度は「いい答えね。科学的よ。大切なのは自分で答えを探すことなの」と言うんです。一方で、日本ではわからないということに罪悪感を感じている子どもが結構いますから、この映画のように、わからないことは実はいいことでもあるんだと伝えたいとも思いました。

橋本先生にしても、一日一八時間も研究しているというのは、何か理由があるはずですよね。方程式と戦っているのかもしれないけれども、やはりそこに楽しさやおもしろさといった何かいいことがあるんじゃないかと。そもそも先生はわからないことがあるから研究されているはずで、その取り組みの中に楽しさやおもしろさがあるなら、それをみんなに伝えたいし、伝えられる番組をつくりたい。きょうはそのためのヒントをいただければとも思っています。

失敗を楽しむ文化の必要性

司会 竹内さんの問いを引き継ぎますと、橋本さんは一八時間も黒板に向かい続けていて楽しいですか。

橋本 これがね、むちゃくちゃ楽しいんですね。楽しいと集中してそのことばかり考えてしまうから、例えば家で妻と洗濯物をたたんでいても、ときどき僕の手が止まっているらしいんです。「物理のことを考えてるでしょ」と言われて「ああ、すみません」っていう感じです。

竹内 失礼ですけど、何が楽しいんですか。

橋本 何が楽しいか……。最終的にちょっとわかったときの解放感というのは、やっぱり病みつきになる要素だと思います。例えばナンクロ（ナンバークロスワードパズル）って全部解けたらとても解放感がありますね。やっている途中はうまくいかなかったりしてつらいはずなのに、その解放感を一回覚えてしまうと逆に終わってほしくないような感覚になる。

竹内　終わってほしくない感覚とはどんなものですか。

橋本　僕の友人の言葉に「コーラというのは飲む前が一番おいしい」という名言があります。つまりコーラのおいしさにはまると、コーラを飲むと想像するだけでおいしくなってしまう。そういう状態に近いと思いますね。それは多分コーラに中毒性があるからだと思うんです。

竹内　研究もやっぱり中毒性がありますか。

橋本　あると思いますね。いろいろ試みているうちに、自分の思いもしないことにたどりついたことを研究仲間に伝えるのも、大きなカマキリを見つけたら友だちに自慢したくなる小学生のフィーリングのままだと思うんですね。友だちに自慢できるということは、共通の興味や問題に向き合いつつ、互いの価値を認め合い、わからないことすら楽しんでしまうという境地に達した人たちのコミュニティがあるということ。

竹内　境地に達しないといけないんですね。

橋本　例えば僕らの学会では素粒子の問題をすごくおもしろいと思っている人たちが集まって発表したり議論したりしているわけですが、実は大問題というのは誰も簡単には解けないのです。それなのに現実には科学は発達している。そのからくりがどうなっているかというと、大学の研究ってわからないのが普通であり、失敗するのも当たり前。そういう状況の中で自ら成功をひねり出していかないといけない。そういう細分化されたコミュニティに入ると、お互いの失敗を許すと言いますか、互いのモヤモヤしたところ

をみんなで楽しみ合うことになる。

司会 そもそも理論物理の研究に失敗ってあるんですか。何かが否定されても、それすら次へのステップということでしょうか。

橋本 先ほども言いましたように、大問題はちょっとやそっとじゃ解けないわけですから、実は失敗がほとんどです。毎日計算や議論をしていると言いましたが、例えば「クォークの閉じ込め」という大問題は、解けたら一億円もらえるんです。ノーベル賞ももらえるでしょう。三〇年も四〇年も解けていない問題ですから。じゃあ研究者は一体何をやっているんですかと言われると、そういった大問題にまつわるたくさんの小さい問題に取り組んでいます。それすら解けない時もありますが、取り組む過程で何かおもしろいことを見つけてそれを自分の問題にすりかえて解き、それで成功したといって論文を書くんです（笑）。科学は全て論文で進んでいますからね。

ただ、仲間内では「そんな程度じゃ、あの大問題には全然到達してへんぞ」といった批判はいっぱい受けます。そこで「あそこがうまくいかなかったんやけど、どう思う?」というふうにみんなで議論し、納得して進む。失敗を楽しむ文化があるといいますか、そういうコミュニティなんですね。

竹内　そういう失敗を楽しめるコミュニティっていいなと思います。橋本先生のコミュニティは世界ともつながっているのでしょうが、研究者もしくは理論物理学者以外の、例えば高校や中学、あるいは一般の人びとの間でも、そういうコミュニティがあるといいなと思いますが、どうでしょう。

橋本　私見ですけれども、僕の実感としてはなかなか難しいと思います。例えば「わからないことを楽しめ」と僕は本に書いていますが、自分の子どもを見ていても絶対納得しないですね。早く答えを教えろと言うだろうし、一つわかったらすぐ次の問題を解きたがる。今の子どもたちは小学生から高校生まで、そういう非常に短い時間感覚で生きています。その中でモヤモヤすることを楽しみなさいと言っても受け入れられるかどうか。

竹内　もう一つ、大きな問題はなかなか解けなくても、その過程で自分なりの問題を見つけたり設定したりできるというのもいいなと思いました。そんなことができるのは研究者ならではのことでしょうか。

橋本　学生を見ていると、問題を解くことに慣れすぎていて自分で問題をつくるという経験はまずありませんが、これについては環境をつくればできると思います。阪大に入ってくる学生で一番困るのは、教えてもらうという態度でしかいない人が続出していること。研究というのは先ほど言いましたように、与えられた問題を解くというより、自分で別の問題にこっそりすり替える技術でもあるんですね（笑）。例えばカマキリを見つけたとき、ただのカマキリだとおもしろくないから、背中にマジックを塗って「黒いカマキリを見つけた」って言うと、みんな驚いてまじまじと観察したり、「そんなカマキリおるわけないやろ」とかみんなでワアワア言いあったり、すごく楽しくなりますよね。これは要は問題を再設定しているということなんです。そんな感じで問題を自分でつくってごらんと言うことはできますし、そういう取り組みは将来生きるんじゃないかと思います。

竹内 自分で問題をつくることは、ある程度トレーニングができるということでしょうか。

橋本 そうですね。例えば科学者になりたいと思って大学に入ってくる人はいっぱいいるんですが、そういう人たちはみんな我先に最先端のことを勉強したいと言います。早く最先端に到達しないと研究は進まないと。それは正しいんですけど、最先端は現在の二〇一九年の科学であるのに対して、高校で習っている物理は一九〇〇年代の科学です。つまり大学の一年と二年の二年間にその百年のギャップを埋めなければならないわけです。そんなの到底無理ですよね。

だから、普通は新幹線に乗せるような教育を行うのです。つまり停車駅が答えです。でも新幹線がどうやってできたかを知らずに終点に着くと、そこから先の旅行の仕方がわからない。そこで一回途中下車して新幹線を自分でいじってみるとか、仕組みを考える経験をどこかの段階で挟む必要があると思っています。

「わかりたい病」と「モヤモヤする時間」のはざまで

司会 大阪大学の中を見ていると、小学校時代から「悩むな」「迷うな」という呪文をかけられてきた学生が多い。迷ったり悩んだりしている暇があったら一個でも多く覚えろという教育を受けてきていると、学生たちは言うんですよね。それなのに正解がない問題を考えろとか自分で問題をつくれといきなり言われても、正直困るという反応があったりしませんか。

竹内　『思考の整理学』（注15）という本がありますね。あの本の着目点がまさにそこですよね。高校ぐらいまではグライダーのようにずっと引っぱられて飛んでいるから、自分のエンジン、つまり自分で問いを見つける訓練がされていなくて、すぐ答えをほしがる。

「考えるカラス」という番組をつくるときは、その一年ぐらい前から毎週三、四時間ずつ「ピタゴラスイッチ」（注16）の監修などでも有名な東京藝術大学の佐藤雅彦さんたちとブレインストーミングをやっていたんです。メンバーが持ち寄ったいろいろな問題について検討するのですが、そのときネットで検索しようとすると、怒られるんですよ。なぜ自分の頭で考えないんだと。佐藤さんがいつもおっしゃっていたのは、世の中みんな「わかりたい病」にかかっているということでした。何でもすぐにわかりたい。今やスマホで検索すればパッとわかるけど、それじゃ考える力はつかないし、たぶん楽しくないんじゃないかと。

わからないものをわからないままにしてモヤモヤしつつ、でも自分の頭で考えてみることの余裕を大事にする。そういう体制が教育の現場にあったほうがいいという気もします。

橋本　お聞きしたいことがあるんです。お話しましたように大学の授業は新幹線教育になっています。その一方で、立ち止まって自分で考える能力を身につけてほしいと思っているんですけど、その両立は非常に難しい。テレビの場合、地震が起こったらすぐにテレビをつけるように、情報を迅速に伝えるメディアでありながら、一方で「考えるカラス」のような番組もつくるというのは、すごく二面性があると思うのです。そこはどのように両立させておられるんですか。

竹内 「考えるカラス」はちょっと特殊ではあります。局内でも最初は結構議論になりました。そんなことでいいのかと。ドキュメンタリーとかをつくるときも、基本的には調べたことを台本に詰め込むんですよ。もちろんそぎ落としてはいるんですけど、調べたことを知ってほしいという意識はやっぱりあって、それはさっきも言いましたように、ちょっと自分勝手というか見ている人に対して失礼かなという気が、個人的にはします。

橋本 具体的には、どういうところですか。

竹内 緊急報道などは誰にでもすぐにきちんと伝わるようにつくらなきゃいけないけど、それ以外の例えばドラマやアニメ番組にまで字幕スーパーやナレーションをいれて説明するのは懇切丁寧過ぎて、逆に見る人を信用していないようにも思えます。見る人は自分なりの解釈ができると思う。その考える余白を残さないやり方は、一方的に教え込もうとする授業と同じで、受け手の人に対して失礼だという気持ちがある。

橋本 なるほど。そこは視聴者のことを考えた番組づくりが重要になってきますね。大学教員の場合、それは授業づくりに相当します。しかし、僕ら大学教員は皆、初めは、どういうふうに教えたらよいのか習わずに教壇に立つんです。すると授業は千差万別、僕も含めて試行錯誤することになる。そうした中、今は授業のアンケート評価があって、評価が高い授業のポイントは何かというと余談が入っていることでした。これにはもちろん賛否両論ありますが、余談がうまく織り込まれている授業は、学生のやる気が上がっていて、成績もすごくいい。

その理由を科学番組に置き換えて考えてみますと、最新の発見を説明する場面の間に、発見した人の成功秘話とか裏話がはさまったりしますよね。授業の余談というのは、その裏話の部分にあたるんじゃないかと思うんです。本当に勉強すべき内容の中に「ちなみに」と余談をはさめる先生の授業は教育効果が高い。

竹内　それは共通していると思いますね。テレビは一方向のメディアなので、大事なことを詰め込むと見るほうは絶対疲れるし、どこかで受け入れられなくなっちゃう。余談とか閑話休題といったものは必要かなと思います。

今日はわからないことのおもしろさや楽しさをどれだけ伝えられるか、はたしてどんなコンテンツがあるのかについて伺いたかったのですが、もしかしたら研究者の日常をそのまま出したり、ちょっと余談的なものも入れながら見せる方法がいいのかもしれないですね。もうすでにそういったことを試みておられる中でどう思われますか。

橋本　僕が以前勤めていた理化学研究所では一般公開の日におじいさん、おばあさんから小学生まで一般の人がいっぱい来るので、科学のことを広報するためにポスターなどをつくり、その前で説明するんです。ところが「宇宙のブラックホールがね……」と説明し始めたとたんに、みんな逃げ腰になるのを感じるんですね。僕らも伝え方がわかっていなかったんでしょうが、そんな中で一人の小学生が目の前にやって来て「おっちゃん、そんな難しい話はええから、握手してくれ」と言いました。それで握手したら、すごくうれしそうな顔で横にいるお母さんに「今日は科学者と握手したで」と自慢するんです。結局、僕が一生懸命準備して説明したことは握手一つに及ばなかったんです。

この経験からの教訓は、科学というもの自体を伝えようとし過ぎてたんじゃないか、ということ。例えば書道の場合、素晴らしい作品がよく飾ってありますよね。でも、一般の人は書そのものより、大きな筆を持って人の前で大胆に筆を運ぶ様子を見るほうが断然おもしろいわけです。例えば書家はどういう生活をしていて、どうやってあの大きな筆を扱っているのかなど、書家の活動を見ることを通して初めて書道のすごさやおもしろさが見えてくる。その点、科学者は科学の見せ方や伝え方が悪いのかなと思いますが、どう思われますか。

竹内　そうかもしれないですね。それが先の「ＧＯＤＺＩＬＬＡ」の話にもあった科学者のリアリティを見せるということでしょうか。先生が巨大な黒板に向かってひたすら計算している姿を見るだけでも結構インパクトがある。

橋本　科学技術って成功の象徴のように思われていますね。ところが、日本にも何万人もいる科学者は大抵の場合、常にわからない問いを前に悩みながら過ごしています。それを考えると実は成功していない、モヤモヤしている人が九九・九九パーセントだということをうまく伝える方法があればいいのにと思います。

竹内　九九・九九パーセントモヤモヤしているけれども、いつか「あっ」と気づく瞬間があるから、そこに耐えられる、それを楽しんでいられるということですね。

橋本　本当は、そのモヤモヤしているところが一番楽しいんです。至福の時間です。

モヤモヤする楽しさと腑に落ちたときの感動を伝えたい

司会　先ほどから「楽しい」という言葉が意味する感覚を伝えるのは難しいなあと思って聞いています。英語だとファン（fun）とかインタレスティング（interesting）、エキサイティング（exciting）など、いろんな表現があるように、「楽しい」にもたぶんいろんな楽しさがあって、橋本さんがおっしゃっている感覚は、日本語で普通に使われている「楽しい」状況のものではないのかもしれない。とても楽しそうではありますけれども……。

橋本　うーん、どう説明すればいいんでしょう。「おもしろい」という言葉もありますけど、それも大阪人やったら「おもしろい」というより「おもろい」という感じですよね。

竹内　「おもろい」のほうがしっくりくるという、そのニュアンスは僕にはわからないけれども（笑）、「おもしろい」にも二種類あるような気がします。その語源は面（おもて）が白くなるということですから、一つは物事を理解するとパアッと目の前が明るくなるような、そんなおもしろさだろうということは何となくわかります。

司会　そして、もう一つは、ゲラゲラ笑うような楽しさではなくて、ジワジワくる感じですよね、きっと。

竹内　それは先ほどのろうそくの実験のように「ああでもない、こうでもない」とみんなで考えている時の感覚がそうですよね。それはすぐに答えを求められていないことも大きいと思いますが。

橋本 参考になるかわかりませんが、阪大では今年から「学問への扉」という一年生向けの全学授業が始まりました。これは全一年生を十数人ずつのグループに分けてゼミをします。講義ではなく、テーマ別にみんなで考えようというクラスが何百もあるんです。僕もそのうちの一つを担当していまして、いいなあと思ったのは、量子力学の教科書をその分野のことを何もわかっていない一年生に読ませてみると、みんなわからないなりに結構考えるんですよ。一時間半ぐらい議論させると間違った答えになったりもするんですけど、その考える過程こそが、科学はどう生まれてくるかを追体験してもらうことになると思っています。

竹内 学生さんの反応はどんな感じですか。

橋本 それが実は微妙です。めちゃめちゃのってくる学生は、たぶん高校のときにモヤモヤすることが楽しいということを体験している子だと思うんですね。一方で、非常に良い成績で入ってきているにもかかわらず、ものすごく不満そうな顔をしている子もいます。そのへんをうまくやっていくのが教育の一番難しいところです。

竹内 二〇二〇年度から大学入試制度が変わる予定ですね。それを考慮して高校のあり方も知識重視型から問題探究型へという言い方をされるような動きがあります。学び方をプロジェクトベースにしようといった話も聞きます。

橋本 あれは採点が大変だとか、経費がかかるとか、いろんな意見が交錯しています。番組制作も似た面があるんじゃないかと思います。番組はこうあらねばいけないという制約を超えて、例えば答えを最後にしたり理由を明かさない、「考えるカラス」のようなドラスティックな番組に到達した秘訣は何ですか。

竹内　そもそも自分で考えてもらいたいという狙いでしたから、時間内に理由を明かさないことは決まっていたんです。最初は翌週の番組で種明かしするという話も出ていたんですけれども、それもちょっと中途半端だということになって。

橋本　思い切って、言わないなら一切言わないと。

竹内　蒼井優さんも、ご自身が身を置くお芝居という答えのない世界に対して、理科の世界は答えがすっきりしていていいと最初は思っていたそうです。でも「考えるカラス」に出演して、実は理科もモヤモヤとすることを良しとする、答えがない世界だということに気付きましたとおっしゃっていました。

司会　竹内さんはわからないということに罪悪感を感じる子どもが多いとおっしゃっていましたが、質問することについても、自分の知識をさらけ出すことになって恥ずかしいとか、ばかにされるんじゃないかと感じる子も多くてハードルがすごく高くなっている気がします。そこで、そのハードルの下げ方といいますか、質問すること自体にすごく価値があるということ、クリエイティブなことであることを伝えるのはどうしたらいいのでしょうか。

竹内　皆さんご存知だと思うのですが、実は社会に出ると問い、つまり課題を自分で見つけられない人は正直あまり仕事にならないんですよ。特に、クリエイティブな仕事の場合は、これはこうじゃないかな、もしかしたらこうかも、とわからない中でも自分なりに問いや仮説を立てたりできないと、マニュアルどおりやるだけではたぶんやっていけない。本当はその訓練を大学じゃなくて小・中・高校のころから何らかの手立てでやんなきゃいけないんじゃないかなと思います。

司会　一発で答えを出さなきゃいけない世界でずっと育ってきた学生たちは、「一回で成功しないと」と思い込んでいる人も多いですね。そういう人たちに、答えを間違えることも新たな情報や経験になって、実は一歩進んでいることを伝えるにはどうすればいいでしょう。

竹内　先ほどのろうそくの問題はテレビなので三択でしたが、おもしろいことに小学校などでは「三つのうち、どれも選ばない」とか「わからない」という子が結構いるそうです。そこで一人一人「どうしてそう思うの?」と聞いてみると、実は三択している子はあまり深く考えずに勘で選んでいることが多い。逆に、黙っている子や手を上げない子のほうがすごく考えていたりするんです。だから「わからない」とか「ちょっと待って」という選択肢を入れてもよかったかなと思います。

司会　一方で、人には頭でわかることと腹でわかることがあると思います。理屈はわかるけど、腑に落ちないことがある。物理学者はそういう場合、その事象とどうつき合っていくのですか。

橋本　そうですね。「大科学実験」の僕の好きな例を一つ挙げますと、時速百キロで走る車から後ろに時速百キロでボールを打ち出したら、本当にボールは空中に止まってそのままスポッと落ちるのかを試す実験を見たときには感動しました。これは頭の中では「まあ、そうやろ」と思っているわけですが、本当にそうなるかは実際には見たことがないからわからないことですよね。

頭の中で理解したことが、最後に腑に落ちるというところがないと、科学は進まないと思うんですね。百キロで進む車から百キロで後ろにボールを打ち出すと、百引く百で〇になるという計算は、例えば百キロではなく二キロぐらいだったら自分で実験できます。でも二キロのルールをどこまで拡張できるのか、はたして百キロでも成立するかを知るのが科学です。僕らは例えば天体とか大きなものに適用するために実験を繰り返し、事実として確かめる。それによって腑に落ちることは、すごく必要な感覚だと思います。

その感覚の繰り返しが科学のサイクルになっていくからです。

司会　みなさんも一生懸命聞いていただくだけじゃなく、モヤモヤしていただけましたか。毎回この空間全体がモヤモヤ～とした空気になって終わるのを恒例にできればと思います。ありがとうございました。

（注）

注1：「天地明察」
　江戸時代の天文暦学者・渋川春海の生涯を描いた冲方丁の同名時代小説を二〇一二年に映画化したもの。

注2：「ガリレオ」
　物理学者が明晰な頭脳を駆使して事件を解決してゆく東野圭吾の連作推理小説「ガリレオシリーズ」を原作として制作されたテレビドラマ（二〇〇七年と二〇一三年に二シリーズ放映）。

注3：「トリック」
　天才マジシャンと物理学者のコンビが超常現象や奇怪な事件のトリックを解決していくミステリーテレビドラマ（二〇〇〇年から二〇一四年の間に複数シリーズ放映）。

注4：「GODZILLA」
　二〇一七年一一月（第一章）から二〇一八年一一月（第三章）まで、全三部作構成で順次公開された日本の長編アニメーション映画作品。

注5：『超ひも理論をパパに習ってみた　天才物理学者・浪速阪教授の70分講義』
　橋本幸士著　二〇一五年　講談社刊。本書を原作として二〇一六年には漫画化された（漫画・門田英子、大阪大学出版会刊）。

注6：『「宇宙のすべてを支配する数式」をパパに習ってみた　天才物理学者・浪速阪教授の70分講義』
　橋本幸士著　二〇一八年　講談社刊。

注7：NHKの番組
　「コズミック フロント☆NEXT　宇宙が〝真空崩壊〟!?:宇宙の未来をパパに習ってみた」二〇一七年一〇月、NHK BSで放送。

注8：「巨大科学萌え」
　https://www.facebook.com/groups/1635638783391505/

注9：「ためしてガッテン」
NHK総合テレビで一九九五年三月から放送されていた生活情報・科学番組。二〇一六年四月から番組タイトルが「ガッテン！」にリニューアル。

注10：「大科学実験」
NHK Eテレで二〇一〇年三月から放送されている科学実験番組。

注11：「考えるカラス～科学の考え方～」
NHK Eテレで二〇一三年三月から始まった小学校中学年から中学生に向けた理科・科学番組。第五五回科学技術映像祭研究開発・教育部門 部門優秀賞受賞。

注12：「カガクノミカタ」
NHK Eテレで二〇一五年三月から放送されている理科・科学番組。アメリカ国際フィルム・ビデオ祭 教育部門：小学校カテゴリーゴールド・カメラ賞受賞。

注13：『まだわからないことがある——科学の未体験ゾーンをさぐる』
長年多くの科学者を悩ませてきた未解決な科学上の謎ばかりを扱った書籍。著者は科学ジャーナリストの吉永良正。一九八六年講談社（ブルーバックス）刊。

注14：「コンタクト」【Contact】
地球外知的生命体探査（SETI）プロジェクトをテーマに、科学と宗教、政治などの問題を交錯させたアメリカのSF映画（一九九七年）。カール・セーガン（天文学者・作家）による同名のSF小説が原作。

注15：『思考の整理学』
東大・京大生に一番読まれた本として知名度を高めた外山滋比古による学術エッセイ。一九八三年 筑摩書房刊。

注16：「ピタゴラスイッチ」
NHK Eテレで二〇〇二年四月から放送されている、考え方を育てる幼児向けの教育番組。

異なる文化のあいだに立つ

対談者　**山田小百合**（NPO法人Collable 創立者・代表理事）
辻田俊哉（大阪大学COデザインセンター 講師）

司　会　**八木絵香**（大阪大学COデザインセンター 准教授）

少子高齢化、外国人労働者や障害者との共生、紛争、経済格差、環境問題……。日本は今、さまざまな分野で、たくさんの社会課題に直面しています。その多くは高齢者と若者、あるいは外国人と日本人、障害者と健常者、支援する側とされる側、といった立場や環境の違いに伴う異なる文化の間で起こっています。対談では、障害を持つ兄弟の間で育った経験から誰もが包摂される場の創造に取り組むNPOの代表者と、日本大使館での実務経験をもとに国際関係の問題を考える研究者が、それぞれ向き合う社会課題とその解決手法を、「デザイン」をキーワードにして語り合います。

対談者プロフィール

山田小百合［やまだ さゆり］

重度知的障害を伴う自閉症の兄と弟の間で育った経験から、インクルーシブな場のデザインに関心をもつ。修士課程で取り組んだインクルーシブデザインや、障害のある子もない子もともに参加するワークショップの実践研究を活かし、NPO法人Collableを創立（https://collable.org）。ワークショップや調査・開発をしながら、大人から子どもまで多様性を活かした学びと創造の場をデザインしている。

辻田俊哉［つじた としや］

2006年から2008年まで外務省専門調査員として在イスラエル日本国大使館において勤務。大阪大学大学院国際公共政策研究科博士後期課程修了。博士（国際公共政策）。専門は国際関係論。現在は、大阪大学においてソーシャルイノベーションに関する教育プログラムを担当している。

写真１：障害のある子もない子も、大人も子どもも、集まったワークショップの一場面。撮影・金田幸三

司会　今日は〈異なる文化のあいだに立つ〉というテーマで、ＮＰＯ法人Ｃｏｌｌａｂｌｅの山田小百合さんと大阪大学ＣＯデザインセンターの辻田俊哉さんに対談していただきます。今回のテーマにあたって、まずお二人はどんな「異なる文化」のあいだに立っておられるのか、早速、山田さんから自己紹介を含めてご活動を伺いたいと思います。

山田　私は、障害の有無を超えて一緒に学ぶ、あるいは一緒に価値を見出していくような学習環境をつくる事業を、都内を拠点にしてＮＰＯ法人でやっております。もともと大学院時代に「障害があってもなくても、ともに学ぶ社会ってどうつくるの」というようなことに関心を持ちまして、子どもも含めいろいろな立場の人たちがともに学ぶ場をつくっていく手法を研究し始めました。この写真はワークショップの様子で、世代は子どもから大人までばらばらですけれども、その一部に発達障害や知的障害のある子どもたちがまざっています（写真１）。キーワードとしては「障害のある子もない子も」と、「インクルーシブデザイン」（注１）を掲げています。

障害のある人たちと活動するというと、「〇〇障害に対して支援をしています」というような特化した活動が多いのですが、私たちの場合、多様な人たちと一緒に価値をつくったり、学ぶ場をつくったりするのが目的なので、障害に特化した支援というよりテーマにあわせていろんな人に協力してもらうワークショップを中心にやってきました。

司会　「障害のある子もない子も」「インクルーシブデザイン」というキーワードについて、もう少しご説明いただけますか。

山田　実は修士課程では、障害の有無を超えて子どもたちが一緒に学ぶことって理想論ではあるけれど、本当にできるのかが最初の問題関心の一つでした。そこから取り組む中でどうやら遊びを通じると子どもは自然と友達になっていくらしいということを予測しながら「じゃあ、ワークショップでそういう場をどういうふうにつくるのか」を考えてきました。これが後に、ＣｏｌｌａｂｌｅというＮＰＯ法人を立ち上げる最初のステップになっています。

写真２：駅や商店街での待ち合わせをテーマに、見える人と見えない人が一緒にアイデアを練るインクルーシブデザインの一場面。

その背景にあるのが、インクルーシブデザインという概念になります。最近、「デザイン思考」（注2）というキーワードを聞かれた方も結構いらっしゃるかもしれません。商品開発において、デザインを考えていく過程からいろんな人たちのアイデアを聞いて一緒にデザインを考えましょうというもので、その際に障害のある方にも協力してもらうんです。例えばこの写真では場づくりをテーマに、見える人と見えない人が一緒にアイデアを考えています（写真2）。ほかに車いすの方、聞こえない方、外国籍の方たちと一緒にワークショップをやらせていただいたり、子どもからおじいちゃんおばあちゃんまで本当にいろんな人たちとご一緒することが多いです。

つまりデザインというものを切り口に、いろんな人たちと関係をつくって、新しいアイデアを考える。難しいことですが、このデザイン手法から意外な発想が生まれたり、その後で障害やそれぞれの属性を超えて人間関係が結ばれていく瞬間が見えたりするときがあります。それがすごくおもしろいと思っていまして、この発想をもっと子どもたちの現場でも生かしたいという思いが私の問題関心の根底にあります。人間関係って成長するにしたがってつくりにくくなっていくといいますか、知らない人と友達になるのは大人になればなるほど難しくなっていきますよね。だけど、みんなたぶん覚えていないけれど、最初の友達のつくり方って一緒に泥団子つくっていたら仲良くなったというようなことが多い気がするんです。そういうことがなぜ障害があると難しいんだろうと考え、子どもたちの場でまずはトライしたいと思いました。

そうしたことを考える背景にあったのが、自分の兄弟のことです。私はプロフィールにも書いていただいているのですが、知的障害と自閉症を併せ持っている兄弟が二人います。個性はそれぞれ全く違うとはいえ、同じ障害を持つ兄と弟に挟まれる人なんて人口比率的にも結構珍しいと思います。そういう環境の中で、彼らとは支援という関係ではなく育ってきたのに、あるとき一歩家の外に出ると彼らは支援される側になっていることに気づきます。そして私自身、兄弟を支援した覚えなんてあまりないのになぜ?という疑問が生まれてくる。私たちのような人間関係って、別にほかの人でもつくれそうなのに、何でみんな難しく考えているんだろうといったことが一番最初の問題関心であり、彼らやその周辺にいる人たちがお互い生きやすくあるためにはどうするべきか、などとぐるぐる考える思春期を過ごしました。

　私の場合は自然とそういう環境で育ったけれど、世間では障害者と一緒に暮らしている人ってほとんどいないと思うので、障害の有無に関係なく互いに協力関係をつくれるような環境づくりや、自分の経験を何か実装に生かしたいという思いもあります。

司会　辻田さんは全く違う角度からのお話になりますね。お願いいたします。

辻田　僕の専門はもともと国際関係論ですけれども、COデザインセンターでは社会課題をどうやって解決するかを考える教育プログラム（注3）を展開しております。研究の対象地域はここ、皆さんどこかわかりますか（写真3）。

――　エルサレム。

辻田　そうです。教科書等で学んだことがあるかもしれないですけれども、いわゆる三大宗教の聖地で、ユダヤ教、キリスト教、イスラム教の三つがここイスラエルのエルサレムにあります。僕は二〇〇〇年にこのエルサレムの大学院に留学しました。ここにはいろんな国からいろんな人たちが来ていて、街もすごく活気に満ちていました。

　ところが、学び始めて二カ月後に紛争が起きてしまって、それがどんどんエスカレートして四年間ぐらい続きました。そのとき僕は初めて異なる文化のあいだに立ったといいますか、パレスチナ人から見たイスラエル人の行為と、逆にイスラエル人

写真3：三大宗教（ユダヤ教、キリスト教、イスラム教）の聖地、イスラエルのエルサレムの旧市街。

から見たパレスチナ人の行為について互いの批判を聞き、異なる文化を持つ人びとのあいだに触れる経験をしました。

そこから国際政治の勉強を進め、二〇〇六年ごろになって少し情勢が落ち着いたので、違う観点から国際関係を見てみようと思い、外務省の専門調査員というポストを得て外交官として向こうの大使館に勤めました。ところが、赴任して間もない頃にまた紛争が始まってしまいました。しかもイスラエル・パレスチナ間の紛争のみならず、イスラエルとレバノン間での紛争でした。この紛争の規模は大きく、文化間の負の連鎖の実態やその大変さを思い知りました。

一方で、二〇〇九年ぐらいからイスラエルでは、経済面で「明るい兆し」も見えるようになります。イスラエルというと紛争のイメージがつきまといますが、実際は豊かな国です。過去一〇年間では、一人当たりのＧＤＰは日本を抜いていますし、グーグル（Google）やアマゾン（Amazon）、フェイスブック（Facebook）、アップル（Apple）など、皆さんが知っているようなグローバルな企業はほとんどイスラエル内に研究開発拠点を置いています。その理由の一つは、イスラエル人と一言で言っても、ロシア系や中東系、アメリカ系などいろんな人が混ざり合っていて、このいわゆるダイバーシティ（多様性）が発展を促したとされています。

では、なぜイスラエルは経済的な繁栄と同時に紛争などの問題を抱えているのかを考えますと、「無関心」という彼らの態度が非常に大きいと思います。パレスチナ問題に対してもイスラエル人の多くに無関心さがみられ、和平がなくとも繁栄できているという認識が強まり、違う文化との対話が全く途絶えてしまうという実情もありました。そうした中で僕は「Ｗｉｃｋｅｄ　Ｐｒｏｂｌｅｍｓ」、日本語で「やっかいな問題」という言葉について考えるようになりました。

司会　やっかいな問題とは？

辻田　ものすごく単純に言うと、そもそも何が問題なのかがわからなくて定義が難しく、しかも正解のない問題です。これは一九七〇年代に生まれた言葉ですが、イスラエル・パレスチナ問題に限らず、環境問題や他の多くの社会課題にも共通するような印象があります。とりわけ利害関係者が多い問題ほど、理想的なウィン・ウィンの関係を構築しづらく解決できない。

じゃあ、どうやってこのやっかいな問題に取り組むかというと、先ほど山田さんが「デザイン思考」という言葉を挙げておられましたが、幸い二〇一〇年代になって「デザイン」をキーワードに、人に焦点を当てて解決策を考える取り組みや研究が次々と出てきています。しかもそれらの多くは新しいテクノロジーやサービスを用いる試みです。そこで僕たちもそれらを参考にしながら、同じように社会課題の取り組み方に悩んでいる国内の地域の方々や、アメリカや台湾の方々と一緒にワークショップを企画してみたり、授業でいろいろ試してみたりしています。

辻田俊哉 氏

社会課題に向き合うためのスキルとは

司会　フィールドはそれぞれ全く違うんですけれども、お二人の取り組みに共通するキーワードは、いろいろな社会課題に向き合うということでしょうか。何か解決しなきゃいけない課題は、それぞれの背景や知識、特徴など、いろんなものがちょっとずつずれている状況から起こるわけで、それに当事者同士ががっぷりと組み合うのではなく、そのあいだに入って多少調整したり角度を変えてみたりすることで、問題の所在を明確にしたり新たな関係をつくろうとされていますね。

山田　時代の流れもあったと思うのですが、イスラエルでのお仕事から「デザイン思考」をキーワードにした取り組みへと一気にフィールドや取り組みの形が変わったような印象を受けたのですが、そこには何かきっかけとなることがあったんですか。普通だったら国際的な活動の延長で仕事しそうなのに、すごいなと思いました。

辻田　ありがとうございます。実は完全に変わったわけではなく、国際関係論の研究はまだ続けています。ただアプローチの仕方が、例えば開発の現場で人びとを直接支援するという既存のやり方だけじゃなくて、そこに新しい視点を取り入れてやってみてもいいんじゃないかなと思ったのがきっかけでした。また、イスラエル側でベンチャーで頑張っていた人が、徐々に社会課題に取り組む方向へとシフトしているという背景もあったので、ちょっと一緒にやってみようかとなったのが取り組みの始まりです。

その後、日本だけでなく台湾などでもやってみようとしたり、アメリカやイギリス、イスラエルにいる方々と一緒に企画したりと少しずつ広がっていった経緯はありますが、実際の取り組み方としては国内・

国外による違いはあまりありません。もちろんケース自体はそれぞれ固有ですが。

山田　フィールドが複数ある分、それぞれの立場や状況を見ながら、それでも越境して前に進めていくのはすごくエネルギーを使うんじゃないかなと、お話を聞いて改めて思います。それぞれを見ていく力加減といいますか、バランス感覚が必要な気がします。

辻田　そうですね、準備は本当に大変です。海外とのやりとりは物理的にも時差、つまりこっちが眠たくなるときに向こうが朝を迎えたりするので、スカイプのようなビデオ通話のツールが発達しなければこんなことはできなかったと思います。簡単に気軽に情報をシェアできる時代だからこそ、こういうやり方が可能だったりするんです。

ただ、一つのフィールドにすごく深くコミットしているわけではないので、逆に軽くみられるというデメリットも当然あります。例えばアメリカや、中国と韓国の教員などが集まる教員交流プログラムのような場に出ると、皆さんそれを結構悩んでいます。専門地域をもってフィールドワークに入っていく研究者などの場合は、地域と密接な関係性ができるんですね。そして長い時間をかけて信頼関係を築いていく。ところが僕たちの場合はとっとと行って、とっとと帰ってくるんです。

山田　長々といられないのですね。

辻田　そうなんです。地域の方々からしたら、来られるのは逆にすごく迷惑だったりもします。例えば、日本は「課題先進国」と言われたりしますが、海外からも結構注目されているんですよ。台湾などでも、日本が過疎地域に対してどんな取り組みを行っているかウォッチしています。ただ、勝手に入ってこられると地域の方は迷惑だったりするので、この地域だったら入ってもオーケーです、とある程度フィールド

の情報をシェアした上で、逆に僕たちが向こうに行くときにはフィールドを提供してもらうというやり方を最近よくしています。

司会　辻田さんがおっしゃる問題点は、当事者側からすると解決してほしいわけじゃないし、すぐにその解決法を地元の人たちに返してあげられるわけでもない。直接解決しないかもしれないけれども、いろんな現場を横断的に回っている研究者ならではの視点から全体的に問題を見て再定義したりする中で、もしかしたら現場にも歓迎されるような解決方法が何か出るかも、といった次元の話ですよね。山田さんの場合はどうですか。

山田　そうですね。横断をしている幅は、今は比較的狭いかもしれないです。この仕事をしていると「ダイバーシティ」というキーワードから、ＬＧＢＴ（性的少数者）の人たちの相談を受けることもあれば、まちづくりの分野でぜひ一緒にやってほしいとか、多方面からいろいろなお誘いをいただきます。でも今は「障害のある人もない人も」という軸はあえて変えないようにしていて、その中でいろんな横断の形を模索しています。

ひと口に障害者と言っても、車いすの人もいれば、知的障害がある人もいれば、精神に何かしら疾患があるとか、一概に切り取ったり括ったりしにくいし、かつ年齢や障害のレベルによっても問題が違ったりするので、検討事項が多いんです。結果的に、障害のある人たちとのワークショップは、ワークショップそのものよりもそれに協力してもらうためのコーディネーションが結構大変で、一番気を使います。ワークショップに来てくれる人たち——障害のある人だけでなく、それ以外の人たちも気持ちよく来てもらう必要があるので、コーディネーションはすごく大事なんですね。

辻田 それは立案、企画、運営なども一人でされているんですか。

山田 そうですね。

辻田 それはすごいですね。

山田 障害のある人たちとの場づくり、ワークショップデザインの基本型は実は一緒なんですよ。「インクルーシブデザインは総合格闘技だね」って言われたこともあるのですが、結局、場をデザインするだけのスキルでは統括しきれないというか、律しきれないような分野かなと思います。つまりプラスアルファのスキルとか力が必要で、それをほかの人に伝授する機会はなかなかつくりにくいし、実は自分自身も学んでいる過程にあります。その学ぶ術はやはり他のワークショップに参加して、一緒にファシリテーションやコーディネーションをするプロセスの中にあるように思います。私の場合、大学院でお世話になった京都大学の塩瀬隆之先生（注4）にくっついていって学んだことが大きいです。

司会　ワークショップも参加者の世代とか環境とかが均質だと、わりと基本の型でいけるんでしょうが、そこにいろんな人が混ざるとプラスアルファのスキルが必要になるということですね。そのプラスアルファとは何でしょう。もう少し説明いただけますか。

山田　プラスアルファを「気をつけていること」ととらえ直して言いますと、ワークショップをデザインする際の協力者として「目の見えない方が四人必要です」といったときに、この四人を選ぶのが一番のポイントになります。一緒に活動するのにも皆個性があって、例えば他人との関わりが攻撃的になってしまう人はグループワーク向きではないですね。もちろん彼らが変わっていってもらう機会にしなきゃいけないのですが、それと同時にやっぱり目的はワークショップに応じて何か目標を達成しなくてはいけないので、気持ちよく参加してくれる人を探します。この探す過程が結構大変です。

結局、誰とどのように場をつくるかというところが一番大事で、ファシリテーションするときも、目の見えない人たちの場合は知らない会場に一人では来られないので、駅に迎えに行くことを前提にして「待ち合わせはいつ、誰が、どうやって迎えに行くか」といった細かいところから始まりますし、車いすの方の場合は「車いす用の駐車場はあるか」の確認が必要です。そういう合理的配慮(注5)の知識を多少もちつつ、他方で支援をベースにしない人間関係をつくる上で大事なところを押さえることにすごく神経を使っている気がします。同時に、ワークショップに参加してもらうにあたって障害のない人たちも楽しくやれることが大前提なので、そこに変な偏見などが入らない形にもっていくためのコーディネーションの力もいります。

ワークショップから生まれるもの

司会 後で「これ、やっちゃったあ」とか「こうしておけばよかったなあ」と思うような失敗談も、言える範囲で結構ですのでお聞かせいただけますか。

山田 私のコーディネーションが上手じゃなかったことから起こった失敗として、ワークショップの場所や規模、障害の種類などの制約が多くて、どうしても協力者を集められなかったことがありました。それで闇雲に「誰か紹介してください」と禁断の依頼をいろんな人にしてしまったんです。

通常は事前にメールなどで、こういうことをやりますよという趣旨以外にも、ラフな感じで来てくださいねとか、何か不安なことありますか、といったやり取りをして協力者とコミュニケーションを図るんですけれども、そのときはたまたま海外にいらっしゃったから連絡するのをちょっと遠慮しちゃったんですね。それであまりコミュニケーションできないまま帰国早々ワークショップに来てもらったら、全然しゃべってくれず明らかに協力する態度ではなかったんです。結局、インクルーシブという概念に対するとらえ方や考え方にこだわりがあることが後でわかり、場に共感してくれていないということがありました。

辻田 なるほど。僕も失敗はたくさんあるんですが、やっぱりコーディネートには気を使います。僕の場合は海外の方々とワークショップする際、多国籍・多文化なチームへのファシリテートの言葉に気を使います。

例えばアメリカ人やイスラエル人などは物事をズバッと言いますけど、ネガティブな意見をフィードバックするとなると、イスラエル人の方がはっきりと言う印象があります。それは、どちらかが正しいという

山田小百合 氏

ことではなく、文化の違いとも言えます。グローバル化したとはいえ、アカデミックな学会やビジネスの会議でもそうした微妙な文化の違いはみられます。日本の企業にはかなり特殊な企業文化と言いますか、いびつなルールもいろいろあって、例えば合意形成はとりあえず根回しをして決裁をもらうようなところがありますね。階層的上司と部下の関係においても、どういった言葉を発信すべきか難しいところがある。そこには日本人ならではのハイコンテクスト、つまり空気を読むところがあって、若者がよく使うＫＹという言葉がまさにそれです。最近は海外でも結構ＫＹが伝わるようになっています。

山田　えっ、そうなんですか。

辻田　空気を読む、間を読むというのは日本の独特な文化ですね。海外ではよく「なぜ黙っているんですか」と言われたりするんですけど、そのときに行間を読まないといけないような言葉を発すると、グループワークの参加者も混乱して「あの人、実はこう考えてるんじゃないの?」と深読みされることもある。それで多文化で構成されるチーム内では、僕は基本的にローコンテクストな言語しか使いません。はじめにきっぱりと目的を言って、だめなものはだめ、いいものはいいと言い、複雑なことはなるべく言わないようにします。これが数々の失敗からの教訓ですかね。

山田　私の場合、障害のない人たちにも気を使うことがあります。障害のある人に関わり慣れていない人も多いので、こんなことを言ったら失礼じゃないかとか思いがちだったりするのです。でも実際、ワークショップに来てくれる障害のある人って意外と割り切っていると言いますか、私が適当なことを言っても「はい、はい」と楽しんでくれるような、いい意味でカジュアルな雰囲気の方が多い。

しかもワークショップで何かアイデアを出さなきゃいけないテーマがあると、例えば車いすで動くときにどんな問題があるのかを直接相手に聞くのは重いけど、「この課題を解決するんだったら、車いすのこんな動きについて言っといたほうがいいよね」といったフランクな形で障害のことを組上にのせることができるので、障害のある方もない方も楽に話し合えます。その結果として、お互いのコミュニケーションが活発になるんですね。そういう意味で私たちも声かけの仕方や場のつくり方に、参加者同士が気を使わなくてもよいようなファシリテーションを心がけています。

司会　お話を聞いていますと、ワークショップという言葉が何度も出てきています。いろんな人が集まって何か共同作業をするときには、当然クライアントやお客さんからこういうものをやってほしいと要望がありますよね。その際の場のしつらえが、まずはこれをみんなで解決しなきゃいけないという課題を与えられているとむしろ話しやすい、例えば障害について直接聞けないことも課題への取り組みとして間接的に聞けるというのは、すごくおもしろいと思いました。

山田　そうですね。テーマありきの場のつくり方をしています。一緒にテーマを考える中で相手のことを知ることができる。それは障害のある方にとっても「ああ、そうか。見えていない感覚はこんなふうに伝わっていないのか」というような気づきにつながります。

司会　逆に自分のことがわかるということですね。

山田　そうですね。インクルーシブデザインに取り組んでいて嬉しいのは、おもしろいアイデアもすごく出るんですけど、参加者がびっくりするぐらい仲良くなって帰ることが多いんですよ。ある企業さんのワークショップで「今日は出会えて本当によかった」と、新入社員の女の子が泣き始めて、それに対する目の見えない女性の方も「何かわかんないけど、すごく泣いているからもらい泣きしちゃった」なんてことがあったり……。別の企業さんのワークショップでは、協力してくれた目の見えない方をお送りするのに参加者が「一緒に帰りま～す」と言って連れて帰ってくれて助かったこともありました。そういう意味でお題の工夫はすごく頼れるツールかもしれません。

辻田　なるほど。そういう成否の手応えは、やる前からある程度想定できますか。

山田　どうでしょう、やっぱりテーマありきです。例えば、企業さんから「このコップのデザインを一新する商品開発をしたい」というテーマを与えられたとき、企業側からはどんな社員さんに来てもらうか、障害のある方は誰に協力してもらうかを考えていく。条件が新しくなると同じようにはいきませんから、いつも自信をもってできるわけではありませんが、終わって帰る際にみんなが「よかったねえ」って言ってくれる言葉で、まずは安心するという感じかもしれません。

辻田　やっていくうちに楽しみがどんどん増えていくという感じでしょうか。

山田　そうですね。最初はどういうふうに場をコーディネートするかで頭が一杯で、参加してくれたいろんな障害のある人たちも障害のない人たちもお互いに楽しめているかが、実感としてつかみきれなくて苦しかったです。でも場を重ねていくうちにその苦しさが減ったので、楽しくなってきたのかもしれないなと思います。

司会　異文化が出会うところで新しい価値やイノベーションが起こるとよく言われますよね。ワークショップで一緒に何かに取り組むことによって、何か新しいものが出てきたという具体的な経験はありますか。

山田　企業さんとの取り組みで商品開発まで進んだ事例は複数あります。その中で現在進行している、皆さんにも共有できるプロジェクトのお話を一つさせていただくと、あるアパレルブランドさんと、インクルーシブデザインを活用したバッグデザインの取り組みをスタートさせています。ＡＤＨＤの診断をもらっている女の子に関わってもらい、デザイナーの方と一緒にセッションを進めているんです。そこではワークショップのために、その当事者の女の子に実際に使っているバッグを持ってきてもらって、どのようにそのバッグを使っているかを観察させてもらいました。例えば三年前の書類がバッグの中からぐしゃぐしゃになって出てきたり、同じ電源コードが三つ四つ出てきたりするんですね。それを見て本人が驚くんですよ。「失くしていたと思っていたものがこの中にあった。どうしてだろう」と。

そうした中で、彼女らの特性から起こる、ものがバッグの中に蓄積されていく構図がわかってくると、それに対応して使い勝手を考えた形の違うバッグが開発されることになります。そんなふうに形になっていくことは多いです。

スピード時代に抗する取り組みを

司会　山田さんが今のお仕事を始めたきっかけはご兄弟との生活にあるとおっしゃっていましたが、時代の影響もありますよね。今から二〇年前だと、社会の認識や取り組みが全然違いますから。そこで山田さんが経験されてきたことと、今のお仕事はどんなふうにつながっていますか。

山田　実は、最初は障害のある人たちとの仕事は絶対しないと思っていたんですよ。高校を卒業するまでずっと障害者と暮らしてきて、それが日常すぎたので違うことをやろうと思っていたんです。家族に障害者がいる人って福祉の業界ではすごく都合がいいんです。適当に障害者と関われちゃうので振る舞いが自然体だし、福祉の場を嫌がらないから。私にとっては日常だから嫌がるも何もないですけど、家庭の事情として周りにいた社会福祉士さんたちからもよく「将来はぜひ福祉の現場に来てほしい」と言われました。素直に育てばすぐに従ったかもしれないんですけど、兄弟二人の社会での生きにくさも感じていたので、最初はいかないことを決めて東京の大学に進みました。

ところが東京に出て、隣人ともほとんど接点のないマンション暮らしをしてみて初めて、都会では障害者とは関わらない生活の方が当たり前だということを知りました。私は地方で育ったので、何だかんだ言っても障害のある兄弟たちの存在を近所の人はみんな知っていて、それが普通だったので私は大学でも包み隠さず「うちには知的障害のある兄貴と弟がいる」と話しました。すると「実は自分の兄弟もそうなんです」と今までカミングアウトしなかった子たちが周りに集まってきたんです。そのとき、社会との接点をきちんともてずに苦しんでいる人たちが大勢いることに気づき、今の社会には福祉の現場だけでは解決できない問題がある、自分たちの中だけで状況が閉ざされている当事者家族がいることを痛感しました。それで、両者のあいだをつなぐ何かが必要なのかも、じゃあどうやってつないだらいいんだろうといったことを深く考えるようになりました。そこから大学院で学び直すというプロセスをたどることになります。だから大学で同じような境遇の子たちと出会わなかったら、この仕事はやっていなかったかもしれません。

辻田　インクルーシブデザインという言葉や、その手法との出会いのきっかけは何ですか。

山田　それは大学院にいこうと思って、従来の福祉の取り組みではなく、新しいやり方を探す中でたまたま出会ったんです。

辻田　そういうキーワードに出会えるって、結構嬉しくないですか。誰か違う人も同じようなことを考えていたんだ、という気づきもあって。

山田　そうですね。よりどころができたような気がしました。

辻田　最近、僕がちょっと気になっているキーワードの一つに「異文化アジリティ（cultural agility）」という言葉があります。アジリティって敏捷性と訳されることが多いんですが、ただスピード感があるだけじゃなくて速くて的確という意味をもっていて、海外とのワークショップをやっていると世の中の流れが速いことがよく話題になるんですよ。この速さにどうやって対応すればいいのかを考える中でアジリティという言葉が使われるんですけれども、じゃあ具体的にどういう形に落とし込めばいいのか、いまいち自分の中でピンとこなくて今悩んでいるといいますか……。そういうもどかしさをインクルーシブデザインの取り組みで感じることはありますか。

山田　速さと的確さですか。私が一緒にプロジェクトをさせてもらっている企業さんって、実は大企業が多いんですよ。それは懸案とされているコストをかけられるからです。障害のある人たちと、障害の有無を超えていい出会いをつくろうとするとき、今は予算と時間をかけられるところでしかできていないので、そのもどかしさはあります。結局、お金があって時間を割いてくれる人たちだけにしか届けられないモデルは、ＮＰＯとして社会課題解決を考える上ではだめだとずっと思ってきましたから。

そういう中で「そうだ、もう自分たちでインクルーシブデザインをやるか！」って思い立って、動き始めているのですが、これが実は結構困っています（笑）。私たちは小さい団体なので小さいデザインチームと組んでやれないかなと思って相談してまわると「そもそも障害のある人とデザインするってどういうことなの？」とか「それより彼らの困っているものをつくったほうがよくない？」って言われるくらい全く理解されなくて、デザイナー探しだけで半年以上たっていて、すごく苦労しているところです。

辻田　企業との仕事からちょっと飛び出して、ほかの方々と一緒にやることによって、活動の影響、インパクトを広めたいところですよね。

山田　そうですね。もしかしたら二〇二〇年の東京オリンピック・パラリンピックの活動の中に入ったほうがよかったのかもしれないんですけど、私はもっと何か日常に落とし込めるインクルーシブデザイン的なものを探していて……。そういう意味で、トライアンドエラーを一緒にしてくれるような小さなチームをつくりたいと思ったんです。

司会　難しいですね。片方でスピード感をもちつつ、もう片方で課題解決しようとするのは……。

辻田　僕が好きなサッカーでは、「インテンシティ（intensity）」という言葉が最近よく使われます。サッカーはスピード感に加えて強さ、激しさがより求められるスポーツになってきたので、いかにそれに対応するかという話ですね。一方で海外ではイノベーションには絶対インテンシティが必要だと言われていて、物事はエレベーターの中で決まるといったことも耳にします。でも課題解決がそんなに速く進められたら、矛盾ではないかもしれませんが、別に複雑な社会課題でも何でもありませんよね。そのへんのバランスは本当に難しいと思います。

イスラエルの例に戻しますと、近年イスラエルは「スタートアップ国家」（注6）として注目されており、中東のシリコンバレーとも言われるほど、本当に動きが早いです。若い起業家がエンジェル投資家——大概アメリカ人なんですけれども——を見つけて、あり得ないような額をドーンと落とされて、そのまま事業を起こしてかけ抜けるというパターンがあり、そういう人がさらに次の起業家を育てるために今度は自分が投資家になるという一つのシステムができあがったりしています。経済界的に成功した人でも、社会課題になるとそれほどうまく回せなくて、みんな結構四苦八苦しています。

僕がこのあいだ一緒に授業をしたイスラエル人も、同じ印象を持っていて、だからこそ一緒にやろうという話になったんです。そのときも話にあがったのですが、社会課題に取り組む際の課題として、どうすれば自分たちの活動の社会的インパクトを数値化したり可視化したりして取り組みを投資家などに認めてもらうことができるか、この点が社会課題に取り組む際の固有の難しさだと感じました。アメリカやイギリスのＮＰＯでは活動の社会的インパクトを数値化することが増えています。でも組織が小さいときには、インパクトを自分たちで速く測ったりするような余力はない。そのあたりのもどかしさも感じています。

異なる特性をもつ人たちが混ざり合う場をつくる

司会　お二人の話は課題の規模の違いもありますが、アイデアとその出口にあたる事業が直結しているような辻田さんの事例に対して、山田さんの活動はすぐに何かの形になるような出口に近いところの仕事ではなく、それにつながる種まきというか、土づくりを一生懸命されている気がします。事案によっては促成栽培で育てるようなスピードもいるとは思うけれども、社会課題にスピードを求めるというのはどうなんでしょうか。

山田　実は私の分野でも「ソーシャルスタートアップ」なんてキーワードが最近あるんですよ。社会課題の解決をスピードアップして成長する社会を目指せという意味合いかと思うんですけれども、それに対して私も焦ったときがありました。でも「共生社会」という言葉もずいぶん前からあるように、障害の有無を超えてともにうまくやる社会をつくることって、たぶん人間社会が生まれたときからずっとある種の課題としてあって、それがいきなり解決できるはずはないんじゃないかと思うようになりました。スピードアップして成長するのは一見カッコイイ感じがしますが、私たちの取り組みとは相容れないんじゃないかと気づいてからは、しっかりと時間をかけて障害のある人たちとの関係性づくり、その周りの人たちとの関係性づくりをはかるようになりました。

最初の話に戻りますが、属性の違いが増せば増すほど、そんな簡単にうまくいく場はつくれない。結果として理解してもらうのも時間がかかるし、時々怒られたりしてつらいことも多々ありますが、私がいまここにいられるのは兄弟との経験がすごく効いています。兄弟たちとの関係があって、さらに障害とは関係のない自分だけの人間関係があって、両者のはざまで生きてこられたことがたぶん大きいんですよね。

辻田　よく「産官学民」と言われますけれども、その中で一番スピードがないのが大学です。ところがその大学も、海外の主要大学は最近すごく動きが速くなっています。その中で僕たちも焦らずに自分の道を見つけるというのは確かに難しいですね。

それと先ほどおっしゃった障害のある方との共生の問題は、貧困問題でもみられます。ずっと取り組んできたはずなのになぜ課題が全然解決されてないのかを考えると、例えばこれまでデザイナーという人たちは社会のトップ一〇パーセントにあたる人たち用のデザインを考えるだけだったから、逆に残りの九〇パーセントの人びとを想定したデザインを考えたら、世の中がよりよくなるんじゃないかという動きが二〇〇〇年代にあったんです。そのためのワークショップなどもいろいろ行われていましたが、結果的にそれで世の中が変わったかというとそうでもなくて、やはり四苦八苦しながら少しずつやっていくしかないのかなと思ったりします。

司会　速いということは、こまめにトライアンドエラーを繰り返して進めていくような感じでしょうか。少しやってみて違ったら次にいこう、それで違ったらまた次にいこう、というふうに回していくことですね。

辻田　その際、既存の枠組みだけにとらわれていたらだめですね。例えば「あっちは途上国でこっちは先進国」というふうに国際関係を見てしまうと、見落としてしまうことがあります。

山田　障害の領域も、すごく乱暴な言い方をすれば、これまではただ支援をしていればよかったんですね。彼らが困っているようだったら支援の枠組みに入ってもらえばよくて、それが正義だったし、確かに必要とされる支援は絶対的に大事ではある。それは現在も変わらないけど、それ以外の選択肢をみんなが知らなかったと言うこともできます。例えば私の両親は、子どもが生まれてから彼らに障害があることを認めなきゃいけなくて、するとちゃんと大人になるまで支援しなきゃというマインドセットになるのではと思います。

でも私は生まれたときからそんな兄弟が「いる」世界にいるので、彼らとの境界が曖昧なまま成長して、物心つけば何となく行く学校が違ってきて、周りからの見られ方も変わってくるから、何か違うであろうことがわかってくる。かといって、じゃあその経験をプラスにして何かをしようと思うと、福祉や支援という枠組みしかないというのが腑に落ちなくて、ぐるぐる思いを巡らせていたことを思い出しました。

辻田　支援というのは、国際開発においてもやり過ぎると「援助依存」になるんですよ。支援を受けた側はそれに甘えてしまって自立性がなくなって、自ら物事に取り組もうとしなくなる。国際開発の現場では昔からよくそう言われてきました。

例えば何を支援できるかというと、一番わかりやすいのは学校などの「箱物」をつくることです。ところが最近になって、パレスチナなどでは自分たちも教育の機会が欲しいと言われることが多くなりました。ハード面のものも、あればもちろん困っている人はみんな欲しいと言いますが、それ以上にコンテンツ、つまり支援者・被支援者という枠組みを取り払って一緒に学ぶ機会とか、教育のやり方などを教えて欲しいと言われるようになった。そういう面ではビジネスの世界でも昔はデベロッパー（開発事業者）とユーザー（利用者）が非対称的な関係として明確にあったのが、最近はオープンイノベーション（注7）が言われたりして、変わりつつあるなと思います。それは国際開発の現場だけでなく、国際関係論の分野などでも見直す時期であることは間違いないと思います。

ただ、一緒にやるというと美しいことではあるんですが、本当に時間がかかると思います。その点、支援と被支援者という構造のほうが効率的にいい場合もあったりするのが、ちょっと難しいところです。

山田　インクルーシブデザインというのも「いい活動だよね」と言われがちですけど、本当のおもしろさは、単に障害のある人たちと交流するということではなく、仲間になっていく過程にあって、一緒に何か形づくる中でものの見方がすごく変わるようなことが起こる瞬間を体験してもらえると話も早いんです。

司会　分野は全く違うのですが、私自身も科学や技術の問題をいろんな人と一緒に考える場をつくっています。そこでは例えば地球温暖化の問題はどうしましょうとか、原子力発電所の再稼働についてどう思いますかといった議論をするのですが、障害の有無はもちろん年齢や住んでいるところなど、かけ離れた人たちが出会ったりすると、それだけで何か全然違う議論が起こりそうなのに、今はまだいろんな人たちが混ざり合う機会がものすごく少ないですよね。障害のあるなしは、わかりやすい一つの側面で切り取られているに過ぎないように思います。

山田　そうですね。まちづくりの問題にしても普通に広報すると、地域に関心のある六〇代以上の方ばかりが集まってしまいがちだと聞きます。でもそういう人たちでワークショップをやっているだけではだめで、いろんな世代の人と話し合いたいとみんな思い始めている。ほかの分野でも、そういう構図に気づき始めている方はすごく増えていると思います。

辻田　障害のある人への関心をコアな層の人びと以外に広げようとするとき、何か工夫されていることはありますか。この問題は結構どの分野でもつきまとうと思うんです。例えば、紛争に関して関心をもつ若者は日本ではなかなか増えないですし、社会課題にもっと関心を向けてほしいと大学の関係者などは思ったりもするんですが、そんなに簡単なことではありません。

山田　まだ手応えを感じるほどのことができているわけではないのですが、私たちのNPOではマンスリーのサポーターを募集していて、会員の方には異なる特性をもつ人とのあいだに立つような仕事に携わるいろんな人たちとの対談などを載せた会報誌をお届けしています。こんな取り組みを通して、じわじわと関心をもってもらおうとしています。幸いこの一、二年ほどで、いろんな場所でインクルーシブという言葉を耳にするようになりました。企業さんからも、ほかのところで耳にしたからといって問い合わせも来るようになりました。そういう取り組みも含めて、これからはいよいよ学校現場にも入っていかなきゃいけないなと思っていますので、その取り組みについてもまた他の機会にお話できたらと思います。

辻田　僕のほうも一つのモチベーションとなっているのは、冒頭にお話しました紛争のような異文化間の負の側面が今後徐々に現れるのではないかという懸念です。実際、アメリカ社会の中でも分断が起こっていますし、昨今のヨーロッパの情勢を見ていても、あれだけ多様化が大事、多様性は美しいと言っていた国々で右派が強くなったりしていて、ダイバーシティとは違う、望んでいない世界が現れるかもしれない。そのあたりのバランスを見ていくのが重要だと思っています。

司会　早くも終了の時間がきてしまいました。今シーズン最後になる次回は、全盲という障害をもつ国立民族学博物館の研究者・広瀬浩二郎さんと災害の現場を渡り歩いている大阪大学の渥美公秀さんに登場していただきます。期せずして、今日のお話に出た課題を引き取ることになろうかと思います。どうもありがとうございました。

（注）

注1：インクルーシブデザイン【inclusive design】
高齢者、障害者、外国人など、従来、社会のデザインプロセスから除外されてきた多様な人びとを巻き込むデザイン手法。

注2：デザイン思考【design thinking】
デザイナーがデザインを行う過程で、実践的かつ創造的な問題解決をめざす思考法。

注3：社会課題をどうやって解決するかを考える教育プログラム
大阪大学COデザインセンターで在学生向けに開講されている教育プログラムの中の高度副プログラム「ソーシャルデザイン」。このプログラムは国内外の社会的課題の解決に向けて求められるスキルを身につけ、多世代・多様な人びとともに新たな価値を創造する人材の育成を目指す。ウェブサイトは、https://www.cscd.osaka-u.ac.jp/program/ad-social.html

注4：塩瀬隆之（一九七三—）
インクルーシブデザインやコミュニケーションデザインなどのデザイン手法をもとに新たな発想や創造と、その体系の構築を目指して多彩な活動を展開する研究者。京都大学総合博物館准教授。

注5：合理的配慮
障害のある人が障害のない人と平等に人権を享受・行使できるよう、その特徴や場面に応じて発生する困難さを取り除くための個別の調整や変更。

注6：スタートアップ【start up】
短期間で新たなビジネスモデルを構築したり、新たな市場の開拓を目指す動きとして近年注目されている概念。イスラエルは「スタートアップ国家」としても知られる。

注7：オープンイノベーション【open innovation】
自社だけでなく他社や大学、地方自治体、社会起業家など異業種・異分野がもつ技術やアイデア、ノウハウを組み合わせ、革新的な研究成果やサービス開発につなげるイノベーションの方法論。

「できない」を「できる」に変えていく力

対談者
広瀬浩二郎（国立民族学博物館グローバル現象研究部 准教授）
渥美公秀（大阪大学大学院人間科学研究科 教授）
司会
八木絵香（大阪大学COデザインセンター 准教授）

若くして視力を失いながらも、それを逆手に取ってユニバーサルな展示や研究活動を展開する博物館の研究者と、阪神・淡路大震災での被災を機に研究者として数々の災害現場に赴き、一人のボランティアとしても現場の人びとに寄り添い続ける心理学者。お二人が日々直面するのは、障害や災害によってできなくなった、たくさんの「こと」や「人」です。「できないこと」との不慮の遭遇は、課題や状況こそ違え、誰もがいつかどこかで経験することでもあります。この「できない」ことを「できる」に変えるにはどうしたら良いでしょう。お二人のウィットに富んだ思考法と、パワフルな実践の中に、困難に向き合い続ける力の極意を探ります。

対談者プロフィール

広瀬浩二郎［ひろせ こうじろう］

1967年東京生まれ。13歳のときに失明。筑波大学附属盲学校から京都大学に進学。同大学院にて文学博士号取得。専門は日本宗教史、触文化論。2001年より国立民族学博物館に勤務。著書に『さわって楽しむ博物館』（編著、青弓社）、『世界をさわる』（編著、文理閣）、『知のバリアフリー』（共編著、京都大学学術出版会）、『目に見えない世界を歩く』（平凡社新書）などがある。

渥美公秀［あつみ ともひで］

1961年大阪府生まれ。大阪大学人間科学部卒業後、ミシガン大学大学院に留学、博士号（Ph.D.心理学）取得。2010年より現職。阪神・淡路大震災のときは、神戸大学文学部に勤務、西宮市に居住。災害ボランティア活動に参加しつつ、研究を続ける。現在、認定特定非営利活動法人日本災害救援ボランティアネットワーク理事長のほか、多くの社会活動を行っている。著書に『災害ボランティア』（弘文堂）ほか、『地震イツモノート』（木楽舎・ポプラ社）を監修。

司会　「向き合い続ける」というテーマで行ってきましたこのシリーズも、最後の三回目になりました。今回は国立民族学博物館（みんぱく）の広瀬浩二郎さんと大阪大学の渥美公秀さんのお二人に〈『できない』を『できる』に変えていく力〉について対談をお願いしています。最初に広瀬さんのほうから自己紹介をお願いいたします。

広瀬　実は「向き合い続ける」というテーマをいただいて、最初は「ふーん」と思っただけだったんですけれども、よくよく考えるとこのテーマをキーワードにして自分の活動や人生を振り返ってみると、うまく整理できることに気づきました。そこで自己紹介として用意してきました「歩く」「触る」「語る」という三つのキーワードを、それぞれ向き合い続けることに関連づけてお話をします。

まず僕の一番の特徴でもあるのは、やっぱり目が見えないということです。中学一年のときに視力を失って、全盲という状態で四〇年ほど暮らしております。もちろん目が見えないことでいろいろ不便不自由があるんですけど、例えば外国に住み始めた最初は英語がわからなくても四〇年もたつと適応能力がついて何とか住めるようになっているのと同じで、強がりでも何でもなく、お先真っ暗の人生もまあ、それはそれで楽しいなと感じるようになっています。

司会　皆さん、ここは笑うところですよ（笑）。

広瀬　その中で僕自身が一番不自由を感じる、そして周りの人との違いを感じるのが「歩く」ということです。もちろん通勤を含め毎日歩いています。ところが僕の場合、やっぱり見えないので当然いろんなものにぶつかります。もう時効ですけど、間違って女子トイレに入ったりしたこともありました。それを避けるために、注意してほかの感覚、音をよく聞いたり、匂いをかいだり、足裏の感覚を使ったりすることで、だんだんとぶつかったり迷ったりせずに歩く技を身につけられるようになりました。それでも、今日のように初めて行くところや雑踏を歩くのは非常に大変です。これは歩くことを通して自分の目が見えないということに日々向き合い続けていることでもあります。

こうして長らく向き合い続ける中で、見えないという自分の障害に対する受け止め方が少し変わってきたように思います。それは「探索」という人生のおもしろさに向き合うようになったことです。どういうことかというと、目が見えている皆さんは無意識のうちに目の前の道を見ながら、道に沿って歩いていくわけですね。一方、僕の場合は格好つけているわけじゃなく「僕の前に道はない」わけで、見えないところに足を踏み出すことによって「僕の後ろに道ができ」ていくのです。この二つの歩き方は全然違う。体験としても違うし、大袈裟に言うと人生の意味合いも違うんじゃないかなという気がします。

広瀬浩二郎 氏

次に「触る」ということで仕事の話をします。僕は国立民族学博物館に就職して一九年目になりますけれども「ユニバーサル・ミュージアム」(注1)といって、展示品を触ることができる博物館を増やしましょうというような活動を主にしています。目が見えない僕は、見るかわりになんでも触って情報を得ているわけで、触ることは視覚情報を補う代替手段だととらえています。

ところが考えていくうちに、博物館というものはまさに視覚中

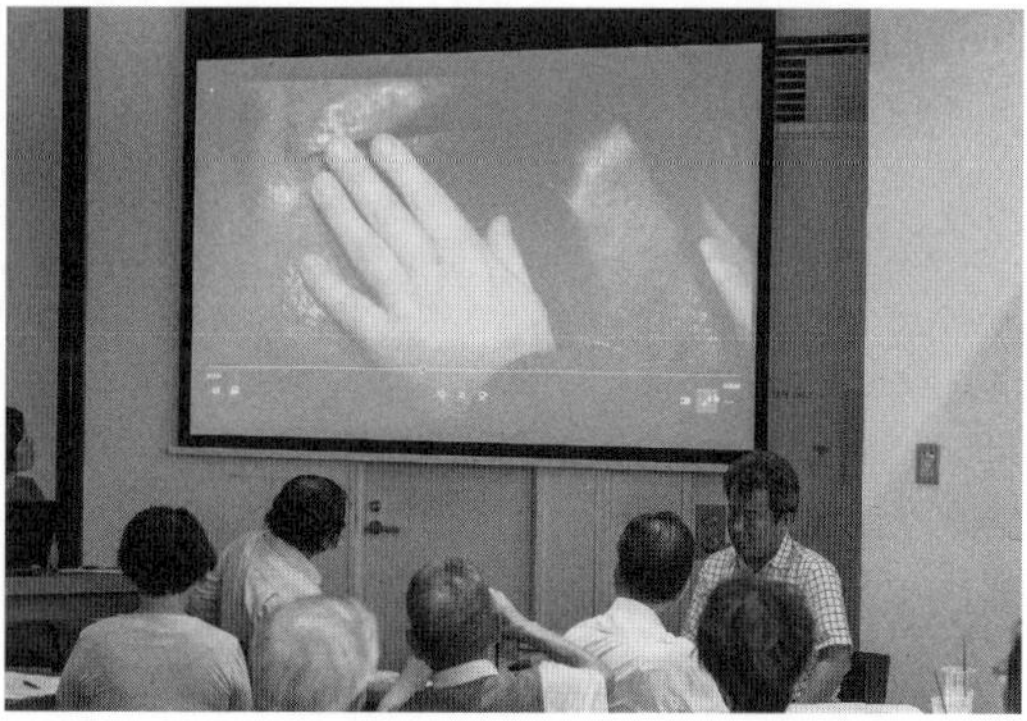

写真１：仏像を触って鑑賞する様子を伝える「無視覚流鑑賞」のプロモーション動画を上映。以下のサイトで視聴できる。
https://youtu.be/rifkU9obBY8

心の近代社会の中でできあがっていることに気づきました。少し乱暴な言い方をすると、博物館は世界的に国や権力者の権威を見せつけるところで、「どうだ。こんなに珍しいものをたくさん持っているんだぞ」ということを視覚的にアピールする文化施設としてできてきたのです。必然的に博物館は、見る・見せるということを前提にできあがっている。見学という言葉もまさに「見て学ぶ」わけで、じゃあ見ることができない人はどうなるんだと考えると、博物館そのもののあり方をいろいろ検討しないといけないんじゃないかと考えるようになった。

就職したときは、とりあえず目の見えない人も楽しめる博物館、そのためには触ることができる展示物が増えればいいなと考えていたわけですが、その営みに向き合い続ける中で、博物館そのものの成り立ちを問い直す。そして、視覚優位の「近代」という時代と向き合い、その矛盾点や見落とされてきた部分を問い直すことを追求するようになりました。

ここで無手勝流ならぬ「無視覚流鑑賞」のプロモーションビデオを少しご覧ください（写真1）。これはプロモーションビデオというほどプロモーションになってないんですけれども（笑）、結構しつこく触る様子をお伝えしたいと思います。

「これから白鳳時代後期の代表的な彫刻、国宝・興福寺仏頭のレプリカを触っていこうと思います。……

まず顔の全体を把握していくんですけど、お顔を洗う、あるいはお化粧をしているようなイメージで、両手のひらを使って全体の形を把握していきます。すると、張りがすごくいいので、若々しい感じのお顔かなという印象を受けます。次に全体の形が何となくわかったら、今度は手のひらではなく指先を使って細かい部分を触っていきます。目があって、その上に眉があります。そして鼻がすっと通っていて口があります。細かい彫刻の細工を確認するときは指先、特に人差し指で触るのがいいと思います。

仏様を触るときは、ぜひ意識して横や後ろの部分も触っていただきたいです。見る場合はたいてい一方向、正面から見るわけですが、触る場合は上下左右前後、いろんな方向から触ります。……

実はこの仏様は何回か火災にあって燃えています。ですから頭の上とか耳とか一部欠けている部分があります。あの火災は大変でしたね、仏様も熱くて痛かったでしょう、などと火災の状況や歴史に思いを馳せながら触っていただくと、仏様に対する愛おしさのようなものがわいてくるのではないかと思います。……

この作品は大変貴重ですから抱きついたりするわけにはいきませんが、白鳳時代につくられた仏様がよくぞ今日まで伝わってきてくれたね、ありがとう、というような気持ちを込めて優しく抱え込むように触っていただくと、この仏様に対する敬愛の念がわきあがってきて、見るだけでは味わえない触る世界が伝わってくると思います」。

司会　これは触ることが視覚障害者の情報入手手段であるというだけにとどまらず、健常者にも示唆的な内容ですね。

広瀬　触るといろんなことがわかるんだよ、見るだけではわからないことがあるんだよ、ということを知ってもらうための博物館でのユニバーサルな取り組みの一つです。

最後に「語る」について。僕は博物館での仕事のほかに本を書いたりもしますけど、今日のように自分の体験談や研究してきたことをいろんな方に聞いてもらう機会に、相手を意識して語るということをすごく大事にしています。ありがたいことに講演やワークショップの機会をたくさんいただいて、語ることに

写真２：射真鉄則①聴覚で被射体の位置・距離を推測する。「音に触れ、今日から僕も、撮り鉄に」

写真３：射真鉄則②視覚を離れれば死角がなくなる。「飛んで行け、レンズ覗かず、空を追う」

向き合う自分の姿勢もだんだん変わってきたと思います。最初は誰と向き合うのか、つまり自分の話を直接聞いてくれる人に向き合うつもりでいたものが、誰とともに何に向き合うのかというような意味合いに変わってきたような気がします。

もう一つ最近の活動を紹介しますと、いろんな感覚を使って写真を撮ってみる「射真」ワークショップ――写すという字を用いる「写真」ではなく射撃の射という字を用いて「しゃしん」と読ませる活動――を行っています。資料にも僕が撮った射真を四枚載せています（写真2〜5）。一枚目は電車のホームに立って、電車が近づいてくるゴオーッという音を聞いて「来るぞ、来るぞ」と思いながら撮った射真。二枚目は大

写真4：射真鉄則③空気となって被射体をふわりと包み込む。「風を受け、心に描く、初夏の色」

写真5：射真鉄則④目に見えぬ震動、波動を身体で受け止める。「うまい物、大阪人は、鼻で食う」

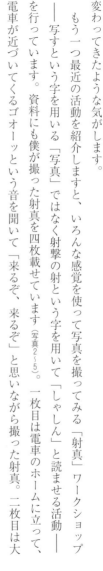

阪市内を歩いているとき、飛行機が飛んでくる音を聞いて、ちょうど頭上ぐらいに来たときに両手でデジカメを頭の上に掲げてパチッと撮った射真。これらは見えている人が撮る写真とは角度とかいろいろ違うかもしれないんですけれども、僕の強みはファインダーを覗かなくても撮れることですね。

次は匂いを撮ったもの。三枚目は通勤途中、万博公園を歩いているときに緑の香りが風にのって漂ってきたので、その匂いがする方に向かって撮った射真で、四枚目はお好み焼きの匂いに向かって撮った射真です。

これらはものに触ってその印象を塑像や作陶などで表現する手法のほかに、匂いや音など五感で得た体験を作品として残すことを意図したもので、真実を射るという意味で「射真」と称しています。何を言いたいかというと、人間には視覚以外にもいろんな感覚があることを目の見える人は忘れがちだから、もっとほかの感覚を使ってみようということです。そういう気づきを促すことが視覚を使わずに暮らしている僕の役割なのかなと最近思っていて、そういうワークショップをこれから展開していければと思っております。

各地の災害の現場から

司会　早速広瀬さんに伺いたいことがありますけれど、先に渥美さんに自己紹介をお願いします。

渥美　まず私の専門はグループ・ダイナミックスと言いまして、集団の心理学について研究してきました。現在の研究の原点は一九九五年、神戸大学に勤めだしたころに阪神・淡路大震災がありまして、皆さんの中にも被災された方がいらっしゃるんじゃないかと思いますが、私は西宮に住んでいたものですからえらい目にあいました。家族は無事でしたけれども、神戸大学は三八人もの学生を亡くしてしまいました。それで何に向き合い続けてきたかというと、どうして私が今ここに生きていて、六千人を超える方があの時に亡くならないといけなかったのかということに、自分なりに向き合ってきたような気がします。

注目してきたのはボランティアで、研究者としてだけでなく一ボランティアとして、これまであちこちの災害の現場に行ってまいりました。紹介しているときりがないですけど、新潟の中越地震、中国・四川の大地震、兵庫県佐用町の水害、東日本大震災、熊本地震、大阪北部地震、西日本豪雨災害など、国内外を問わずあちこち行っています。

渥美公秀 氏

司会 NPO法人の活動もされていますね。

渥美 ええ。(認特)日本災害救援ボランティアネットワークというNPO(注2)も約二五年間やっておりますので、皆さんの中には救援や募金に協力していただいた方もいらっしゃるかもしれません。この場を借りてお礼申し上げます。

振り返ってみると、私が一生懸命にやってきたのはボランティアの専門知識を身につけたり訓練したりすることではなく、ただただ被災された方の傍にいるということを大切にしてきたように思います。この「ただ傍にいる」ということは私の発言でも何でもなくて、かつて同僚だった柏木哲夫先生(注3)というホスピスのお医者さんの言葉、そして、鷲田清一先生（注4）も同じようなことをおっしゃっています。これは「何もするな」という意味ではなく、「何かしてあげよう」というその気持ちがあかんということなんです。災害の場ではため息しか聞こえてこないときもあります。「もうあかん。今日は帰ろう」というときもあります。そんなときは一緒に帰り、翌日また行って「そろそろ片づけようかな」と言わはったら一緒に片づけたらいいわけで、まずは傍にいるということを大事にしてきました。

一方で、この二五年は決していいことばかりではありません。ボランティア元年と言われた阪神・淡路大震災からボランティアが広がっていって、マニュアルが出てきます。ボランティアをやるにはまずボランティアセンターに行くとか、相手が「来て」と言ったら行くとか、いっぱいマニュアルに書いてあるわけです。その結果、東日本大震災のときには自粛ムードが起こります。大学生は現地に行かないようにというお達しがでて、学生たちが自粛してしまうという状況が大阪大学でも起こりました。「なんで？」と聞いたら、現地から「来て」と言われるまで行かんでいいとマニュアルに書いてあるというわけです。いや、「来て」って言うはずの人が津波で流されてはるし、「来て」と言える場所がもうなくなっているじゃないか。そういうときには行かないといけないのに、「行ったら邪魔とちゃうか」なんて発想になってしまった。それでも阪大生の名誉のために言っておくと、「すずらん」というボランティアグループ（注5）が結成されて僕らのＮＰＯのバスで現地に入っています。

司会　場面を分けてもう少し具体的な取り組みについても伺えますか。

渥美　東日本大震災では、岩手県野田村という人口四千人ほどの小さな村に行きました。さまざまな活動をしていますが、例えば、現地に教室を建てまして、学生たちが継続的に行ってかかわってきました。また、津波で家が流された後にいっぱい落ちていた写真を拾ってきて洗い、持ち主に返すという作業をしました。結果、全部で八万枚の写真を拾い、お返しできていないのが一万枚まで減りましたから、あと少しのところまできています。例えば、すべてをなくした九〇歳のおじいちゃんは、自分のご両親の写真が見つかって、この後号泣されていました。

救援の事例を挙げますと、これは西日本豪雨災害にあった岡山県真備町での写真です（写真6）。現地に駆けつけて救援活動をしたんですけど、皆さんはボランティアが突然家に訪ねて来たらちょっと戸惑いませんか。最初この人は誰なのか、入ってもらって大丈夫か、というような目で見られることが多いんですけど、真備では一軒目で「助けてくれ」と言われて入りました。そこにはお父さんが障害のある三人の子どもさんたちと住んでおられて、彼らは外に助けてと言うこともできず困っておられました。もちろんボランティアセンターは、助けてという人のニーズを受けてボランティアを派遣するシステムをつくっていますけれども、現地には「助けて」と言うことさえできない人がいっぱいいるんです。その人たちを助けるにはボランティアが勝手に歩き回るしかない。緊急の場合には、むしろそういう無秩序さが必要だということです。

写真6：2018年6月28日から7月8日にかけての西日本豪雨は死者200人を超える甚大な災害となった。岡山県真備町

これは中越地震で被災した塩谷集落という新潟県の雪深い村で（写真7）、もともと過疎で四九軒しかなかった家が、再建不能で二〇軒まで減りました。この村に元気になってもらおうと学生たちが一生懸命通って、田

写真7：2004年10月に発生した新潟県中越地震後、塩谷集落で稲刈りを手伝ってきた阪大の学生ボランティアたち。

植えや稲刈りも手伝ってきました。最初は皆さんご寄付もいただきましたが、ニュースにもならないこの村の人たちが困っていることを今後どうやって伝えていくのか、どうやって支えるのか。

司会　近いところで昨年（二〇一八年）の大阪府北部地震でも活動されていましたね。

渥美　あのときは高層マンションで一人住まいの高齢の方たちが非常にお困りと思いあちこち訪ねました。その中で一つ例を挙げますと、学生五人ぐらい連れて訪ねたマンションの一室で、一人暮らしのおばあちゃんに「何しましょうか」と尋ねたら、「額縁が落ちたのでかけてくれ」ということで亡くなったおじいちゃんが大切にされていた絵を元通りにかけました。「次は?」と聞くと「もう一枚かけてくれ」と言われて、それもやりました。「ほかには?」と聞くと、それで終わりでした。これは何が問題だと思いますか。要はこの程度のことを何で隣の人に頼まれへんの?ということです。このとき、おばあちゃんの孤独さが身にしみました。

最後に、「できない」ことを「できる」に変えるためには、どうしたら良いでしょう。西日本豪雨災害で亡くなられた真備町の五一人のうち、支援を必要とする障害者や高齢者が八割以上を占めていたという現実があります。真備に限った話ではなく、実は阪神・淡路大震災から変わっていません。犠牲になるのは高齢者と障害者なんです。

それに対して、気象庁が三日も前から予告していたのに、なぜ逃げなかったのかと思う方もいるでしょう。でも、逃げないいんじゃない。逃げられないいんですよ。近所の人たちがそのことに気づいていれば助けられるというのが基本中の基本の対策です。私はＮＰＯを立ち上げ、子どもたちと一緒に防災マップをつくったりして頑張ってきたつもりでした。でもこうした現実を突きつけられた今、二五年間いったい何をやってきたのかと思っています。向き合い続けてきたけど、全然うまくできていないという今の現状を、今日のお話のきっかけにさせていただければと思います。

真の「災害弱者」とは誰か

司会　今回のテーマは、広瀬さんの「見えないからこそできることがある」という言葉に触発されて「できない」を「できる」に変えるということについて考えてみたいと思って企画したのですが、渥美さんが今おっしゃった「逃げない」のではなく「逃げられない」のだというようなお話は、防災の問題でありながら防災だけの問題ではない気がします。何か目の前の解決したいことにただ正面から向き合い続けるだけではなくて、立場を反転させてみたり、ちょっと見方を変えてみたりすることも必要かと思ったりしますが、広瀬さんは渥美さんの話に対してどう思われましたか。

広瀬　分野は全然違うんですけど、いろいろ重なる部分があるなあと思いながらお聞きしました。自分の話で恐縮ですが、被災した障害者の話ということで、昨年僕も新聞に「災害弱者は復興強者」というエッセイ(注6)を書きました。これは深刻な被害を受けた方には申しわけない程度の被災体験ですけれども、大阪北部地震では職場が震源に近かったもので、かなり被害を受けて博物館はしばらく休館、研究室は本がなだれ状に崩れ落ち、隣の同僚の部屋などは普段から部屋が汚かったという説もありますけれども（笑）、本棚が倒れてドアが開かなかった。

阪神・淡路とか東日本のときには大変だろうなあと思いつつ聞いていたことが、いざ自分の身に降りかかってくると、とたんに自分は災害弱者だということを思い知らされました。例えば地震の翌日に職場に出勤すると、普段は何気なく歩いている廊下にいろんな物が雑然と置かれていて動けない。うろうろすると危ないので、あなたは事務室で待機していなさいと言われ、周りで同僚たちが散らばった本を片づけていても、本の向きや種類を揃えるような視覚を使う仕事は手伝いたい気持ちはあっても手伝えず、じーっと待機していました。しかも、トイレに行きたいなと思って立ち上がったら、とたんに周りから「どこ行くの？」と声をかけられる。ありがたい反面、災害になるとトイレすら自由に行けないのかと肩身の狭い思いをしました。

この僕のつたない体験からしても、高齢者や障害者が犠牲になるという渥美先生のお話はよくわかります。ただ、エッセイに書いたのは「非常時」が「非情時」になってしまう、つまり常でない状況になると情けを失わせる中で、目の見えない当事者としては、障害者や高齢者が災害弱者になることに注目しないといけないというところで止まってほしくないということでした。ちょっと強がりになるかもしれないけれど、「非常時」を「非情時」にしないために、何か僕ら障害のある人の体験を生かせないかと思うわけです。お話しましたように、障害者はみんな自分なりの「できない」を「できる」に変えてきた体験を少なからず持っていますから。そういう意味で、もう少し積極的な形で障害者の体験を復興に生かす取り組みはできないものか、災害の研究と支援を同時に実践されている渥美先生のご意見を伺えますか。

渥美 災害のことを研究している人はたくさんいるし、障害者の支援をされている方もたくさんいるのですが、災害と障害というテーマでの研究は、実は今始まったばかりです。それ自体がびっくりですけれども、何でかというと、災害の文脈で障害を語ると「守らないかん」あるいは「福祉避難所をつくって保護せないかん」と決めつけて、当事者の意見をまったく聞かずに防災の会議をし、計画を練ることになるからです。本来、計画を立てるときに当事者の経験を聞いとかないと計画も練れないはずなのに、いまだにそんなやり方なんです。

そうした中で、この前アメリカに行ったときに一つのアイデアをいただきました。それは障害の有無も一つの問題ですけど、実は災害時の問題はほかにもいっぱいあるということです。例えば貧困も災害と大いに関係があります。それから差別の問題。外国人の問題。子どもの問題。観光客の問題。たくさんあるわけです。これをアメリカでは全部一緒にして、災害が起こればみんな困ってはる人やないか、と考えるわけです。

例えば、僕も含め眼鏡をかけた人が多いですね。今何かが起こって、眼鏡を壊してしまったら、僕らも動けなくなるわけです。災害が起こったとき、たまたま病気にかかっている人もいるでしょう。アメリカではそういう人たちを全部一緒の文脈で考えていきましょうという枠組みが出てきています。そして、ある災害の会議に出席しますと、そこには障害をお持ちの方が何人も参加しておられて、普通に災害のことを話し合っている。日本ではまだそんな組織は見かけないのが現状で、そこを変えていかないとあかんと思っています。今悩んでいるのは、それを小さな地域から取り組んだほうがいいのか、制度を変えるというような大枠から取り組んだほうがいいのか、というところで戦略を練っているんです。

ボランティアのあり方をめぐって

広瀬　もう一つ、ボランティアについてご意見をお聞きしたいです。僕もボランティアさんとのつきあいはたくさんあって、僕の場合は点字を打ってもらうとか、音声訳をしてもらうとか、一緒に歩いてもらうとか、それこそ盲学校時代からのおつきあいです。災害の復興ボランティアと視覚障害関係のボランティアは全く違うんですけど、お話を伺っていると、やはり共通する部分があると思いました。

先に僕のボランティアについての考えを言わせていただきますと、僕は支援をする側と受ける側という分け方はよくないと思っていて、「分かち合う」「結び付ける」「創り出す」の三つを、ボランティアを考えるときのキーワードにしています。

僕自身の体験で言うと、もうずいぶん昔のことになりますが、大学受験では視覚障害者のための参考書や問題集なんてありませんから、全部ボランティアの人に点字で打ってもらうわけですね。そのときの僕はまだ支援を受ける側として、ボランティアは「点字の本をつくってくれるありがたい人」といったイメージをもっていたんですけど、それが大学に合格したとき一変しました。「おかげさまで大学に受かることができました。ありがとうございました」と電話で報告すると、本当にわがことのように泣きながら喜んでくれる人がいて、これは支援する・されるという関係を超えている、つまり広瀬というやつを大学に合格させるという目標にむけて貴重な時間を使って一生懸命点字を打ってくれたわけで、ボランティアは一緒に目標を分かち合う存在なんだということを実感しました。

司会 「結び付ける」「創り出す」というキーワードについてはどうですか。

広瀬 ちょっと話が飛びますけれども、僕も学生時代と就職後に一年間ほど、アメリカに在外研究に行っていたことがあります。そのとき博物館もあちこち訪ねました。すると僕のような視覚障害の人を案内してくれるのは、ほとんどボランティアです。事前に電話なりメールで申し込んでおくと、博物館の入口でボランティアの人が待っていてくれます。ボランティアというのは「自発的に○○する」のが原義だと思いますけれども、例えば毎日忙しい弁護士の人でも、水曜日はおれの大好きなこの博物館で来館者サービスをすると決めていて、その日はどんなに忙しくてもボランティアに入る人が結構いるんです。しかもボランティアなのにマイミュージアムとか言って案内するから、「この人、館長なのかな」とか思いながらついていくと実はボランティアさんで、自分の好きなコーナーになるといきなり熱心に説明してくれたりしておもしろいんです。

そういうボランティアの人がいなければ、僕が一人でうろうろしながら展示を見学するなんてことはあり得ないことですよね。これは目の見えない人と博物館という、一見無縁な関係を結び付ける架け橋にボランティアがなってくれているということなんです。

最後の「創り出す」については、僕は今みんぱくで主に視覚障害者の来館者の案内をするプログラムをつくっているんです。これも視覚障害の人とみんぱくを結び付けるということではありますが、何かもっとそれ以上のこと、つまり「創り出す」ことはできないかを考えています。先ほど申し上げたような触るという鑑賞法は別に視覚障害に特化したものではなく、普段目を使って鑑賞している人たちも触って鑑賞するといろんな気づきがあるだろう。そういうユニバーサルなことを視覚障害の人と一緒に発見して発信していけるしくみをボランティアと一緒に「創り出す」ことはできないか、ということなんです。

司会　渥美さんの場合は、全く違う立場からボランティアに二五年取り組んでこられましたね。

渥美　ただ、共通点はいろいろとあるように思います。ボランティアは支援する・されるの関係じゃないことを受験のエピソードを通して伺いましたが、このことに関連して、近年話題になっている「中動態」という言葉をご存じですか。何々するというのは「能動態」、何々されるというのは「受動態」ですよね。実はそれ以外に「中動態」というのがあるということを論じた哲学の本が出ています(注7)。

例えば「助ける」というのは能動態で、私が誰かを助けるときに使いますよね。逆に「助けられる」というのは受動態で、誰かによって私が助けられることです。しかし、それ以外に中動態、「助かる」という表現がありますでしょう。そこには偶然性も絡んでいるんですけど、「助ける」ことに一生懸命になりすぎると、それはお前の意思なのか、どこまで責任を持つのかと、といったことばかり議論してしまうことになる。今、そういう社会になっていると思います。他方、助けられるほうだって下手に助けられると困ることになる。「中動態」という言葉は、そういう社会を変えようという提議だと、僕らは読みかえました。

つまり今の世の中、ちょっと何かをやると「誰のせい？」とか「責任とれるの？」という話ばかりになっている。ところが「ああ、助かった」というときは誰のせいでもなく、いつのまにかうまいこと助かっているわけです。それは細かく見れば誰かに助けられたことがいっぱい積み重なってるんやけど、それがう

まくいったときに人は実感として「助かったわあ」と言うんちゃいますか。

ボランティアについても、私はボランティアする人、あなたはボランティアされる人と思っているうちはお互いギスギスしますけれども、とけあう関係といいますか、例えば右手と左手を握るとどっちがどっちを握っているかわからないですよね。そういう状態を両者の間でつくり出せるのがいいと思っています。ちょっと抽象的な例かもしれませんが、そういう状態が広瀬さんの「分かち合う」「結び付ける」という言葉とぴったりくるのかなと思いました。

そしてその関係は、災害の場合も全く同じです。助けられているばかりではしんどいし、実際にはボランティアに行ったわれわれのほうがよっぽど助けられていると感じることも多いのです。それは何も不思議なことではなくて、いい関係ができてくるとどっちがどっちかわからない状態になるんですね。だから、私は助ける人、あなたは助けられる人などと分けて訓練するようなボランティアはやめたほうがいい。

「分かち合う」については、またアメリカの例で申しわけないんですけど、アパラチアン・トレイルという長い自然歩道がアパラチア山脈に沿ってありますでしょう。そこをちょっとだけ歩かせてもらったときにも、たくさんボランティアさんがいました。彼らはそれぞれ自分の受けもち区間をもっていて、そこに花を植えたり好きなように工夫して、やってくる人を歓迎してくれるんです。それが何マイルも続いていくから、全体としてとてもいい道になっているわけですね。そのときもみんな「マイセクションを見ていって」と言っていましたね。もちろん本当は自分のものではないけれど、そういうふうに一生懸命にやっている人たちを見ると、広瀬さんの「分かち合う」というキーワードもしっくりきて、そういう関係をつくっていけるのがボランティアのいいところかなと思います。

広瀬　お話を聞いていて、僕も学生時代にあったボランティアサークルを思い出しました。点字を打つ点訳サークルで、当時は結構たくさんの人数が入っていて「視覚障害者のために」とか「情報保障のために」といった立派な哲学を持った人もいたんですけど、大体そういう人は長続きしなかった。他方、「点字ってておもしろそう」とか「かわいい女の子がいたから」と言って入ってきた人が意外と大化けして、点字のオーソリティになったり……。すごく月並みな言い方ですけども、ボランティアは渥美先生のように肩の力を抜いてやることが肝要なんだと思います。

渥美　ありがとうございます。私もぜひまた広瀬さんとコラボできればという願いを強くしています。

言葉を「見る」「聞く」「書く」ことの力

司会 逆に渥美さんから広瀬さんに何かご質問ありますか。

渥美 私も博物館には非常に興味をもっています。神戸にあります人と防災未来センターという震災について学べる博物館（注8）など、もう百回ぐらいは行ってるんですけれども、博物館が視覚を重視しすぎているというご指摘は、これまでの僕にはなかった視点です。そういう普段当たり前に思っていることとは全然違う気づきや驚きを、今日はいくつもいただきました。

その中で「触る」ということについて、僕はもともと心理学が専門なので、タッチングが相手を安心させる効果をもつことはよくわかっていましたが、触ることによってものを理解するというお話は新鮮でした。ただ、それは見て理解するより時間がかかりますよね。この時間がかかるということについては、どう考えておられますか。

広瀬 視覚じゃないと伝わらない、視覚ならではの効果や視覚による情報伝達のすばらしさは確かにあって、情報を早くたくさん伝えるという上でも、視覚にまさるものはありません。触るのが大事だと言っている僕自身が、皆さんにまず映像を見せているんだから、若干看板に偽りありかなという気もしないでもないですが（笑）、僕が問題にしたいのは現代があまりに視覚に偏りすぎているということ。例えば、江戸時代以前の社会は夜になれば真っ暗なわけで、われわれのご先祖様は匂いをかいだり音を聞いたり、五感を働かせながら、そろそろと夜道を歩いていたわけですよね。そういう感覚をもっと取り戻すための一つのきっかけづくりができるのが博物館なんじゃないかと考えています。

それで最近僕が提唱するのが最初に映像でご覧いただいた「無視覚流鑑賞」、視覚を使わない鑑賞法です。真っ暗闇にするときもありますけど、アイマスクをしていろんなものに触ってもらう。何でわざわざアイマスクをするのかというと、探索する触り方、つまりすでに見知ったものを確認するのではない触り方をしてほしいからです。「ええっ、これはどうなってるの?」「じゃあ横は?」「あっ、まだある」「ああ、ここまでか」といったふうに何かドキドキしながら少しずつ触っていく。そういう体験をあえて無視覚流と言っているのは、視覚障害の疑似体験としてではなく、視覚を使わない新しい情報収集のあり方について考えてほしいからです。

ご質問への答えが後になりましたが、触るということはそういった手や体の動作が伴いますから、当然時間がかかる。先ほどの能動か受動かという話で言うと、明らかに能動です。そういう身体動作を伴う能動体験は確かに時間はかかりますが、ただ見て理解するよりも記憶に残るという特徴があると思います。

渥美　なるほど。もう一つ、「射真」の取り組みもおもしろいですね。「覗かんと撮れるからええわ」という発言はすごいなあと思いました。それは聴覚障害の人が音楽会を楽しむのと似ていると思います。そういうふうな楽しみ方では、きっと言葉がすごく大事になっていると思うんです。この言葉というものをどのように考えておられるかということについてもお聞きしたいですね。

広瀬　おっしゃるように言葉というのはすごく大事です。「射真」は触ることの延長で考えているんですけれども、博物館ではもちろん触るだけではなく、言葉による鑑賞も大事にしていきたいと思っています。例えば僕ら目の見えない人が絵画を鑑賞するとき、最近は「触図」といって触って理解する絵のようなものがいろいろ考案されていますが、まだ開発途上でいろんな議論がありますので、一番簡単でわかりやすいのはやはり言葉による鑑賞です。絵画を見えている人に説明してもらい、それを聞いて自分なりのイメージをつくる。ここでポイントなのは、同じ絵画を見ても渥美さんが説明するのと司会の八木さんが説明するのでは、失礼ながら内容はずいぶん違うと思うのです。それぞれの人生経験とか趣味、好みなどがそこに表れる。

視覚障害の人の利点は、そういう角度の違う説明を聞けることです。言葉による複数の情報を自分の中に組み入れた上で、見えないけれども自分なりの絵をつくっていく。この自分なりの絵をつくるときにはもちろん触図も有効だけれども、一番頼りになるのはやっぱり言葉でイメージをつくることです。視覚障害の人は写真もテレビの画面も見えないけれども、そのぶん自分で想像力、時に妄想力を広げていくことができるのです。

例えば、最近若い人はラジオをあまり聞かないと思うのですが、僕が中学・高校時代は深夜放送が全盛期で、目が見える・見えないに関係なくみんなラジオを聞いていました。真面目な質問をいただきながら無粋な話で恐縮ですが、当時僕らは深夜放送ならではのちょっとエッチな話とかを聞いて、果てしなく妄想を広げていったりしたわけです(笑)。それが今やテレビすらもう古くて、ネットで好きな動画を見るような視覚優位の時代が進む中、言葉で自分なりのイメージをクリエイトしていくことは大切で、この二つの想像・創造の力を伝えていくのも僕らの役割なのかなという気がします。

司会　言葉に関して、私も一つ聞いていいですか。広瀬さんの漢字の使い方とか言葉の感性は、非常に興味深いものでした。例えば「非常」という言葉の「常に非ず」を「情けに非ず」という意味に掛けたり、「射真」もただ「真を写す」のではなく「真を射る」という漢字にしたり……。視覚優先で言葉や単語がもつ本来の意味を吟味しないまま、ものごとを理解しているのかなという反省も感じます。広瀬さん自身、そのあたり意識されていることはありますか。

広瀬　単純におやじギャグのノリで同音異義語を楽しんでいるところもありますけど、ちょっと真面目にお答えすると、僕は中学生のときから点字で勉強し、知識を蓄えてきました。皆さんあまりご存じないかもしれないですが、点字というのはいわゆる表音文字で、漢字のない音の世界です。だから、聞いたままをそのまま書くのが点字の原則です。そういう音を大事にする文字で勉強してきて、大学生以降は先ほど申し上げたように、音訳ボランティアが専門書を読んでくれて、昔はそれをカセットテープで聞いていた。そうやって音によって言葉であり文章であり情報をインプットしてきたので、そこは視覚でインプットしてきた人とは少し違うと思います。

もう少し具体的に言いますと、文章を書く場合、今は音声パソコンといって普通のキーボードを打つと画面に出る変換された文字が音声で読みあげられます。例えば「ひじょう」と入れて変換を押したら「非情」という字も出てきますから、その音声を聞きながら「ああ、そういう言葉もあるなあ」と思いつつ音で文字を選ぶんです。もう一つ違うのは、普通皆さんはできあがった文章を目で読んで推敲されますね。僕の場合、ひたすら音声パソコンで読ませて、音の流れ、音のリズムとして耳で確認していくので、たぶん普通の方より言葉を音として理解してきたと思います。

渥美　例えば皆さんも中国とか漢字圏に旅行したとき、文字を見てわかった気になったことはありませんか。本当は全然違う意味やのに、視覚情報から漠然と言葉を理解してしまっていることは確かにあると思います。もっと身近な例で言いますと、われわれこの頃Eメールでのやり取りとか、パソコンで文字を書いたり読んだりすることばかりしていて、ちゃんと人の話を聞いてわかるということをおろそかにしているんじゃないでしょうか。人の話を聞くことはリアルタイムで時間がかかりますから。

今日は同じ言葉でも「聞く言葉」「見る言葉」「書く言葉」の違いや特徴を改めて考えることができました。また、同じ対象を見ても、それを言葉に表現するときには人によって全然内容が違っていて、そこからまたイメージを膨らませることができるというお話も私にとってはとてもおもしろく、それを今後何かに生かせないかなと今もしゃべりながら考えています。

向き合い続ける中から生まれるものとは

司会　先に渥美さんも「障害のある人を、守らないといけない人と決めつけるのがいけない」という話をされましたけれども、お二人の話を伺いながら「向き合い続けること」＝「決めつけない」ということにつながるかな、というような印象をもちました。
科学技術をめぐる事故や災害の現場で長らく仕事をしてきた私自身の経験も一つお話させていただくと、事故が起こると当然、加害者もしくは加害企業と呼ばれる側と、被害を受けた側という関係ができます。一般的に加害者と被害者は対立構造にあると思われがちで、当然そういう側面もあるんですが、例えば事故が起こってから二〇年、三〇年と経つと、そのつらい経験を分かち合えるのは加害企業の人だけという状況が生まれてきます。すると、もはや加害・被害は関係なく、社会の中で自分たちだけが同志だと被害者自らがおっしゃることも出てくるのです。

そういう体験を思い出し、外部の人間が勝手にその関係性や状況を決めつけるのではなく、当事者の声を丁寧に聞きながらどうやったら問題を解決に導いていけるのかを考える。そこにはいろんな要素が織り込まれているので一概には言いにくい面もあると思いますが、お二人のご意見も伺えますか。

広瀬　おっしゃることよくわかります。僕が向き合い続けてきたことの一つに「物・者とのコミュニケーションのあり方に向き合う」というのがあります。博物館にいるのでどうしてもそちらに話を引きつけてしまいますけれども、博物館で触る展示を広めようとするときにまず問題となるのは資料保存のことで、触ることによって大事な資料が壊れたらどうするんだという話が出てきます。そこで触る展示を広げるためには触るマナー、やさしく丁寧に触るということをきちんと伝えていかないといけない。じゃあ、何でやさしく丁寧に触るのか。

これは考え出すと結構難しいです。例えばみんぱくの資料の場合だと、物の背景には、それをつくった人がいて、使ってきた文化があって、文化を伝えてきた人びとがいる。そういう背景を考えると、物を粗末に扱うことはできません。逆説的になりますけれども、物を大切に扱うためにあえて物に触ってもらう。そこから物の背後にある物語を知ってもらう。この伝えるという努力をしないといけないと思っています。つまり最初に「物」との接し方という問題があって、そこから「者」との関わり方、つまり人とのコミュニケーションのあり方に向き合っていく。それがご質問への答えというか、僕流のやり方ということになるかなと思います。

渥美　私もおっしゃることはよくわかります。私自身のことで言いますと今五八歳ですので、親の世代は戦争を体験しています。戦争の話も耳にタコができるくらい聞かされています。でも実はやっぱりピンとこなかったんです。しかし、自分が震災にあってつらかったことを若い世代に伝えたいと思ったとき、同様にわかってもらえない状況になって初めて母は私に何を伝えたかったのだろうかと考えるようになった。やはり向き合うようになるには何かきっかけが必要だと思うんですね。

だから教育が大事で、それも何かを伝えるのにただボールを渡すようなやり方はたぶんだめやと思います。「二五年前のおれらの頃はな」なんて一〇〇回言うてもあかんのです。僕らの役目はそうではなくて、伝えたいことがにじみ出るようなやり方が大事。私が今考えているのは、現場ではなるべく引くこと。引き方が上手になることで何か伝わるものがある気がしています。言うは易しで、なかなかできていないですけど。

司会　最後にもう一つ、情報技術が発達して今やいろいろなところからすぐに情報を得られる、非常に便利な時代になってきていると思いますが、これも結局は健常者が中心となってつくっている、健常者にとって便利な技術です。そうした技術躍進は、障害のある方にとっても今後プラスに働いていくと思いますか。

広瀬　確かにＩＣＴの進歩は日進月歩です。例えば先ほど申したように、僕が中学生の頃は点字を使うしかなかったわけですが、パソコンが出てきたことによって僕も普通の文字が書けるようになった。今回の対談でも事前にメールでやり取りができるわけです。そういうＩＣＴの恩恵は健常者以上に受けていると思います。

ただ、ご質問にあったように、まずはやはり健常者と言われている多数派の人たちの使いやすいものがつくられます。スマホもしかり。それに少数派の人のための技術が後追いで何とかついていくという状況はあります。この追いかけっこは永遠に続いていくのかなという気がします。残念ながら数の差は縮まりませんから、資本主義の論理です。
一方、そういう中でもユニバーサルデザインの商品開発がもっと進むと、少し状況も変わっていくかなという気がします。例えば、僕が今使っている腕時計はユニバーサルデザインの時計で、針の代わりに玉を触って時間を確かめるんです。もちろんこの時計は目が見えない人が使うことを想定してつくられているんですが、ユニバーサルデザインなので、見えている人にとってもちょっと変わったおしゃれな時計に見えるようで、わりと時計マニアが腕にしています。しかも、見て時間を知ることもできるわけですから、見えない人だけでなくみんなが使える商品になっています。この時計は成功例だと思いますが、そういうマイノリティのアイデアを取り入れた新しい発想の商品がこれからもっと出てくるように思います。

渥美　私も全く同じお答えをしたいと思っていました。例えば災害時に障害のある方が気持ちよく過ごせる避難所があったら、そこは健常者にとっても気持ちいい場所なんじゃないでしょうか。駅にエレベーターがあったら障害者だけだけでなく、僕たちもつい乗ってますよね。というように、発想を逆にしたほうがいいと思うんです。

特に防災についてはそうです。障害のある方とか外国人の方とか、いわゆるマイノリティと言われる人たちに一緒にデザインしてもらうんです。その人たちが気持ちよく利用できるものなら、誰でも気持ちいいんじゃないか。そういうふうに発想していく。また、高齢者は障害者と思われていないことがあります。でも災害時には歩けなくなったり、結構みんな同じことで困るんです。そう考えると、最初からいろんなニーズをおもちの方に話を聞いて、そこから発想していくことが逆にビジネス・チャンスにつながると思うところはいっぱいあります。

司会 最後の話に引きつけますすと、障害者って何かの助けが必要な、困っている人のことですよね。正確に言うと、環境がちゃんとしていないから困らされている人。そういうふうに考えると、たぶん誰でも障害者になりうるわけで、それならみんながより使いやすいものを、という話につながってきますね。本日はありがとうございました。

（注）

注1：ユニバーサル・ミュージアム
日本においては一九九〇年代末に当時神奈川県立生命の星・地球博物館の濱田隆士館長によって提唱された「すべての人にやさしく、資料の収集・保存、調査・研究、展示、学習・普及の機能が全体としても充実するようにデザインされた開かれた博物館づくり」と定義される活動で、その後、触覚を使った新しい鑑賞活動へと展開している。

注2：日本災害救援ボランティアネットワーク
阪神・淡路大震災をきっかけに民間と行政が連携した「西宮ボランティアネットワーク」の活動理念を引き継ぎ、一九九九年に設立されたNPO法人。http://www.nvnad.or.jp

注3：柏木哲夫（一九三九—）
ターミナルケアを専門とする内科医、精神科医。淀川キリスト教病院理事長、大阪大学名誉教授、日本ホスピス・緩和ケア研究振興財団理事長。

注4：鷲田清一（一九四九—）
臨床哲学、倫理学を専門とする哲学者。大阪大学教授、副学長を経て第一六代大阪大学総長（二〇〇七—二〇一一年）。

注5：大阪大学災害ボランティアサークル「すずらん」
二〇一一年、東日本大震災をきっかけに大阪大学の学生有志により設立。http://suzuran.jpn.org

注6：「災害弱者は復興強者」
日本経済新聞 二〇一八年七月一〇日付夕刊「プロムナード」欄掲載のエッセイ。広瀬浩二郎執筆。

注7：「中動態」を論じた哲学の本

『中動態の世界　意志と責任の考古学』國分功一郎著　二〇一七年　医学書院刊。

注8：人と防災未来センター（阪神・淡路大震災記念 人と防災未来センター）
阪神・淡路大震災（一九九五年）の教訓を未来に生かすことを通じて、災害文化の形成、地域防災力の向上、防災政策の開発支援を図り、安全・安心な市民協働・減災社会の実現に貢献することを使命として兵庫県神戸市に設立された施設。

終奏

「高度教養教育」の
あり方をめぐって

終奏

「高度教養教育」のあり方をめぐって

鼎談者

ほんま なほ（大阪大学COデザインセンター 准教授）
山崎吾郎（大阪大学COデザインセンター 准教授）
八木絵香（大阪大学COデザインセンター 准教授）

2016年7月に発足した大阪大学COデザインセンターでは、学部や研究科という専門教育を前提とした通常の大学教育に対し、さまざまな異なる専門をもつ教員や学生が共に問題を考え、再定義し、解決の方法を探る、という新しいスタイルの教育に取り組んできました。その中で目指した「高度教養教育」とは、どのようなものでしょうか。現代の多様な社会課題を視野に入れながら、それに対応しうるCOデザインセンターならではの教育プログラムを模索・推進してきた3人が、三者三様の実践を踏まえて「高度教養教育」のあり方を問い直します。

鼎談者プロフィール

ほんま なほ

大阪大学大学院文学研究科博士課程単位取得退学。大阪大学大学院文学研究科講師、准教授を経て現職。文学研究科兼任。専門は臨床哲学。ひと と ひと とがつながるための大学・大学院教育プログラム開発に従事し、社会において周辺化されたひとびとの生きる知恵を学ぶプログラム「社会の臨床」を担当。哲学プラクティス、対話、こどもの哲学、フェミニズム哲学、多様なひとびとが参加する身体・音楽表現についての教育研究を行う。著書に『ドキュメント臨床哲学』、『哲学カフェのつくりかた』、『こどものてつがく』（いずれも共編著、大阪大学出版会）ほか、『アートミーツケア学会叢書』（アートミーツケア学会編、たんぽぽBOOK STORE）を監修。

山崎吾郎［やまざき ごろう］

大阪大学大学院人間科学研究科博士後期課程単位取得退学。博士（人間科学）。日本学術振興会特別研究員、大阪大学未来戦略機構（第一部門）特任助教、COデザインセンター特任准教授を経て、2017年5月より現職。専門は文化人類学。2012年より博士課程教育リーディングプログラム（オールラウンド型）超域イノベーション博士課程プログラムに関わる。著書に『臓器移植の人類学――身体の贈与と情動の経済』（世界思想社）など。

八木絵香［やぎ えこう］

東北大学大学院工学研究科博士課程後期修了。博士（工学）。社会的にコンフリクトが強い科学技術の問題について、意見や利害が異なる人同士が対話・協働する場づくりをテーマに実践研究を行う。また、COデザインセンターでは、主に科学技術にかかるテーマと社会、また研究分野間を「つなぐ人材」をテーマとした教育プログラム（「公共圏における科学技術政策（STiPS）」）に従事している。著書に『続・対話の場をデザインする― 安全な社会をつくるために必要なこと』（大阪大学出版会）など。

社会課題とプロジェクト型学習

八木　ＣＯデザインセンターで行っている教育や、自分自身が社会課題と向き合っている中でどのようなことを考えているのかについて、ＣＯデザインセンターの教務室長を担当し、教育プログラムの骨格を整えてきてくださった、ほんまさんと山崎さんにお話をうかがいつつ、本書を締めくくる最終章にしたいと考えています。まず、「超域イノベーション博士課程プログラム」（以下、「超域プログラム」）（注1）では、どんな教育をしていますか。

山崎　ＰｊＢＬ（Project Based Learning）（注2）が大きな特徴です。現実の社会課題に向き合って、その解決に取り組むプロジェクトを通して学ぶというやり方なので、人が生きている場こそが方法であり向き合うべき問題そのものだということになります。そのカリキュラムの中軸となる科目が「超域イノベーション総合」（注3）で、これは教員にとってもやりがいがあるし、いろんな可能性を秘めた科目だと思っています。この授業では、優れた専門家やリーダーが一人いるだけではどうにも解決できないような複雑な課題に対して、「さて、どうしますか」と学生に問いかけるのですが、これはもちろん、教員も「答え」を持っていない問いかけです。この八年ほど、大学という場所で、社会に真剣に向き合うための教育の枠組みづくりに腐心してきましたが、まだまだいくらでも改良の余地はあるし、課題もあると思っています。

八木　ナレッジキャピタル超学校で対談していただいた時にも古民家再生プロジェクトのお話をされていましたね（第1楽章2）。一口に社会課題に取り組むと言っても、社会課題としてすでにあるもの、見出すもの、あるいは課題として言語化するものなど、いろいろなとらえ方があると思うんです。その場合の社会課題は、企業なり自治体なり、向こうから手渡されることでスタートするのでしょうか。

山崎　何もないところからはもちろん始まらないのですが、大事なステップは二段階あるんですよ。最初は、何かしら「こういうことが課題だと思う」といって先方から持ちかけられたり、あるいは漠然と課題だと思われているものから考え始めるんですけれども、大抵それは課題の本質ではありません。もしそれが課題の本質だったら、向き合い方がわかっているはずだし、すでに解決していたり解決の道筋が見えているはずです。実際に持ち込まれる課題はだいたい混沌としていて、抽象的すぎたり具体的すぎたり、いずれにしろどう手をつけたらいいかよくわからないという状態なんです。だから、持ち込まれた課題から議論をスタートしますけど、次の段階では、限られた時間と資源の中で自分たちが実際に手をつけられる課題へと修正・再定義していく必要がある。そこからようやく物事が動いていくことになります。教育においては、この第二段階に押し上げていくプロセスが一番大事ですし、一番難しい。

八木　でも、その二段階目は、学生が勝手に再定義するというものでもないですよね。学生同士、そして現場にいる人、それを支援したり取り囲む人、さまざまな出会いを通じた共同作業の中で生まれてくることですよね。

山崎　そうです。例えば、ある学生が法とか社会制度の側面から切り込んでいって「要するに問題はこういうことでしょう」と言ったとする。でも、全然違う専門の学生がチームの中にいると、すぐに「何でそうなるの?」「別の問題もあるでしょう?」という話が出てくる。どうにかチーム内でまとまりをつけて相手に説明をしてみたら、今度は「いや、そんなことは言っていません」と言われたりする。そういうやりとりがものすごくありますね。

与えられた課題を、どうしてそんなふうに問題をとらえられるのかということを論理的に説明できなかったら、ただ課題をすりかえただけの話になっちゃうので、きちんと再定義ができるためには、根拠を示すことが不可欠です。特に大学院生に対しては、教育という意味でこれが基本的な構えになると思います。「この課題に取り組もうとおもったら、こういうふうにとらえ直してアプローチしたらいいのだと思います、なぜなら…」という根拠をきちんと言わなければいけなくて、そのためにはデータも論理も必要になる。そこがすごく体力と知力を使う部分だと思います。

八木　複数の研究科の学生がいることによって、問題の定義の仕方や、とらえ直し方、その背景にある理論にも違いがあるから、まずは、学生同士で、なぜそう考えるのかを説明するプロセスが必要になり、そこからさまざまな思考が展開したり、逆に問題の記述が定まるということですね。

山崎　そうですね。超域プログラムでやっているP.jBLは、教員が正しい知識をもっているとか、まして や答えを知っているという前提にはなっていません。だから、学生がどうやって取り組んでいるのかあとで聞いてみると、自分の理解や考えが相手に伝わらないという問題が最初のきっかけで、何とかしてそれを説明するために「学び直す」わけです。自分がそれまで勉強して身につけてきたものの見方や言葉がなぜ相手に届かないのかをもう一回勉強し直して、説得的に話せるようになるというプロセスにおいて、学ぶことが多いんだろうと思います。そこからさらにもう一歩、大学の外に出ても通じるように話すために、また学び直さなければいけない。

教員の感覚からすると、そこまで達成できたら超域プログラムの教育としては十分とも思えます。課題を出していただくので、もちろんそれに優れた解決策を提案して実践できることが望ましいですけど、実際にはそれは責任を伴う話にもなるし、人を巻き込んで活動していくという話なので、授業の枠組みの中でそこまではカバーできません。学生のほうも一年経てば次の学年に進んで、いずれ卒業していくわけなので、実際に活動するところまで視野にいれたら、授業とは別の仕組みが必要になります。この点に関しては、学外の人たちとどうやって一緒に課題に取り組んでいくのがいいのか、プログラム側の仕組みとしてまだまだ改善の余地があると思っています。

八木　限られた時間の中で解決策の提案まで結びつけることを第一目標とするのではなく、問題の再定義を延々とし続けるようなケースもあるということですか。

山崎　あります。ゴールの設定の仕方によってプロジェクトの難易度が変わってくるという言い方になるかもしれません。問題の解決といっても、例えば極端な話、対象と方法をこちらが用意して「三カ月後にこのワークシートを埋めて提出しなさい」というようにお題を出せば、学生はいろいろ調べて何かしら答えを用意してきます。時間をかけて手を動かせば何かしらの答えに至るというタイプの課題です。逆に、ゴールの姿があらかじめわからないプロジェクトというのも存在する。成果物ができあがればそれなりの達成感は得られるのかもしれないけれど、できあがった成果物のクオリティと、そこにたどり着くまでにたどったプロセスを評価することは、全く別の事柄です。

八木　どのように評価しているんですか。

山崎　教員だけで評価するのは難しいので、学生同士の相互評価を参照したり、課題を持ちかけてくれた当事者の評価ももちろん重視しています。ただ、それぞれの評価軸は必ずしも客観的じゃないんですよ。「こんなに学生が頑張ってくれてありがたい」と言う人もいるし、出てきたアイデアが平凡だったら、「これじゃ、おもしろくない」と評価をする人もいます。相手が全然納得してないのに学生を高く評価するというのはやっぱり変なので、いずれにしろ主観的な評価が入らざるを得ない。あらかじめ指標を決めておけば客観的に評価できるかというと、そうでもない。そうすると複数の視点、複数の指標をもちいて総合的に評価するということにならざるをえないと思います。

ただ、これも主観的な言い方だといえばそれまでですが、教育的な効果がない取り組みなんてあり得ないんですよ。あるとしたら、途中でやめてしまう、興味をなくしちゃう、何かもめ事を起こしてプロジェクトを破綻させてしまうといったことが考えられますけど、そういうケースですら、最後まで関わって振り返りをすれば、そこから学ぶべきことはたくさんあります。

高度教養教育とはどうあるべきか

八木　身もふたもないことを言いますと、そういうやり方はすごく手間がかかるんじゃないですか。

山崎　かかりますね。

八木　すると、それを大学全体に展開できるかとか言われると、やはり難しい部分もありますよね。

山崎　何で難しいかというと、それを教育という枠の中だけでとらえちゃうからで、そこでやったことが何かの形──学生にとっては修論のテーマになるとか、教員にとっては新しい研究関心になるとか、実践者にとっては新しい活動のアイデアになるとか──にちゃんとつながっていけば、教育に対して時間や労力を割くという以外のメリットがいくらでも出てくるので、そういう形なら広い展開があり得ると僕は思っているんですよ。

ほんま　それは超域プログラムの考え方ですか。

山崎　まだ超域プログラムでは十分にできていないことです。

ほんま　課題なんですね。それは、要するに本来のあるべき教育研究の姿に戻すということですね。

山崎　戻すというか、それが研究になるかどうかはわからなかったとしても、新しい取り組みにつながっていく種のような位置づけです。研究の話題にも少しふれておくと、研究が成り立ちそうなテーマを選んで、データがとれそうな方法論を選んで、論文になりそうなまとめ方をするという傾向が最近強くなっていることに、僕自身は違和感を感じています。周りを見渡してみると、分野によっては、そういうやり方が行き詰まりを生んでいるということに気づいている人も結構います。超域プログラムに教員として加わっている研究者は、そこで何か新しいことをやりたいという思いを少なからず持っているように思います。感度の高い学生も同じですね。自分の能力や持っているリソースを使って社会の役に立ちたいというのはもちろん大事なことではあるけれど、それだけで人が動いているのかというと、実際はそんなきれいな話だけでもない。特に研究者は、役に立つということだけではなくて、何か新しいことができないかということをどこかで考えていて、だからこそその琴線にひっかかると、すごく波及効果はある気がしているんです。

八木　そういう意味からすると、本来COデザインセンターが持つべき機能は、独立した「教育」を担うことではなく、世の中にある社会課題を多様な専門を持つ学生と、多様な専門を持つ教員が共に考え続けるという「教育」を通じて、いろんな社会課題を再定義したり、専門と専門のハブであろうとする方向性

でしょうか。単に「共通」の「教養」教育をやるというお題でとどまってしまうと、今話しているようなことができなくなっちゃうんですね。

山崎　できなくなっちゃいますね。教養教育って、教員が学生に知識を授けるというやり方を少なからずしているじゃないですか。そうすると、その教養の中身は時代とともにどんどん変わっていかなきゃいけないいんだけど、それって社会の場であれ研究の場であれ、実践の中で獲得していくしかないいんですね。教育に携わる側がその実践をどこでやるのかといった時に、教員がいろんなところでプロジェクトに関わったり研究したりする中からリソースを持ってくるということがちゃんと循環していなければ、継続できるはずがない。

教養の中身だって更新されていくわけですけど、時代や流行が変わるたびにそれを追いかけて、振り回されて、そのたびに新しく勉強した知識を学生に伝達するなんていうやり方は、教養教育のあり方として根本的に間違っていると思います。だいたい、新しいことは若い人のほうが良く知っていますから。

八木　逆の言い方をすると、現場に常に密接な形で授業を運営するわけですから、教員の側も常に学び直していないとついていけないですよね。

ほんま　それはむしろ一般教養の抱えてきた問題ですよね。本当は知識をアップデートできる仕組みを教養教育自体がつくらないといけなかったのに、それをしなかったから結局、時代遅れになっちゃったんですよね。

八木　文献の知識を噛み砕いて伝えればよいわけではないですね。ほんまさんのご専門の臨床哲学が一九九〇年代以降志向したところも、そうだったんじゃないでしょうか。

ほんま　昔の哲学者は社会問題にコミットしてきたし、本を読みながらいろんな人をそこに招き入れてゼミをしていて、それは今やっているのと似ているわけですよ。そのやり方が生きていた時代があったんだけど、結局、知識をアップデートしていったり、実践者と学ぶ人たちがもっと交流するシステム自体をつくらなかったから、また別の権威になっちゃうわけですよね。

八木　だから、教育プログラムをつくるんじゃなくて、常にアップデートされる教育を運用させるシステムとか基盤をつくるという発想でやればいいということですよね。

山崎　とはいえ、それはやっぱり根の深い話です。分野によるかもしれないですが、自分の関心にひきつけていうと、これは日本の人文学が自前で学問をつくってきたのかという問題にどこかで行き当たるので。

ほんま　そのとおり！　まさにそのことが臨床哲学の出発点でもあったわけです。

山崎　模範とされるような古典があったわけで、それをきちんと理解して学生に伝えていたら、教員としての役割が成り立っていた時代があったんですよ。今でもそれが不要だと僕は思わないし、重要です。でもそれだけじゃ立ちいかないのも事実で、研究ということに置き換えても同じ問題がそこにあると思っているんです。

ほんま　古典も使い方次第です。哲学書を読みながら、同時に社会問題も話すことができる。だからＷｈａｔの問題じゃなくてＨｏｗの問題なんです。それが、学生も変わっていくし、社会も変わっていくのに、そこのＷｈａｔだけを守ろうとしているからおかしなことになるわけですね。

スキル教育と教養教育の違い

ほんま　私の意見を率直に言いますと、社会ですぐに役に立つ専門知識やスキルを提供する教育機関、つまり、とにかく早い時期から人を育て、早く社会に人材を輩出するのが目的の機関と、ユニバーシティとしての高等教育の役割は、本当は別ものなのに、前者のやり方に引っ張られているという印象があります。

これを修学年齢と関連づけて言えば、一八、一九歳で入学して二一、三歳あるいは二四、五歳で就職するという設定は、一部の分野ではいいけれど、それをすべてに適用するなんてどうなの？　という話が問題の根幹にあると思いますね。

私のドイツの知り合いの中には、工学部を出て三〇歳ぐらいまでエンジニアをやっていたけれど今は哲学をやっているという人もいますし、哲学をする人はいろんなルートで来ているんですよ。その逆は可能でしょうか。例えば三〇歳になって医者になるとか。

山崎　医者はいますよね。基本的には、何歳からでも始められるべきだとは思います。でも、例えば、数学や語学は若いうちに学んだ方がいいというのは、経験的にわかる気がします。逆に、年をとって経験を積めば積むほど理解が深まるというタイプの知識もありますね。

ほんま　学生を「誰」として想定するかという問題ものすごく関係していると思います。いつも八木さんと話すんだけど、一八歳で大学に入ってきて家と学校の外を経験してない人が、場合によっては三〇歳近くまで大学に閉じ込められ、PBjLで初めて「社会」に触れるというのは不健康ですよね。社会生活として全然よくないと思っています。

八木　学生には、むしろ社会を知らないという自覚を持たせたほうがよい部分もあるのに、PBjLが浸透することで、中途半端に社会を知っている気分になって大人になっていくという不幸もあるように感じます。

ほんま　私が学生だったころの大学は有象無象の人がいっぱいいたから、おもしろい場所だったんですよ。活動家や宗教者の説教とか、非制度的な芸術活動も含めていろんな回路が大学の中にあって、そこで「ソーシャル・スキル」といえるものも求められていたんですけど、今は世代や環境の異なる他者がいなくて、すごくピュア化されているでしょう。

山崎　学問や教育が制度化するとそうなると僕は思うんですよ。それはビッグ・サイエンスの宿命でもあると思うのですが、大規模に人を集めて大規模に投資しないと成果が上がらないというサイクルに入ったら、組織的にやらざるを得なくなる。すると図体が大きくなって動きは鈍くなるし、着実に成果が出る路線に向かうというのは自然なことです。それ自体は別に悪いとは思わないけれど、皆が揃ってそっちに向かうのは問題です。

ほんま　そうです。そういうのが一部なら構わないけど、ユニバーシティと呼ばれるものが一部の事情に引っ張られるのはよくない。ヨーロッパでは、語源からしても、ユニバーシティは教育研究者の組合組織であったのに、日本の高等教育政策は明治以来、専門家・官僚養成機関の枠組みの外には出ていない。

山崎　成果の数とかインパクトが唯一の評価軸になってしまったら、マイナーな学問がビッグ・サイエンスに勝てるわけはないのですが、一方で、歴史的に見れば新しいものって外から来ていることが案外多いわけですから、やはりマイナーなものにも目を向けるべきなんですよ。

八木　COデザインセンターがナレッジキャピタル超学校として実施してきた対話プログラムの狙いもそこにありました。大学の人と社会の現場で活躍する人を掛け合わせての対談を意識してきましたから。

ほんま　このような活動をわざわざ外でやらないといけないほど、なぜ大学はここまで内に閉じこもってしまったのでしょうね。

山崎　問題は「即戦力」ですかね。即戦力が欲しいと言われている状況は理解できないわけではないし、ある程度応えなきゃいけないというのも大学の社会的な意義としてはあると思いますが、それはすべてではない。

ほんま　なぜ即戦力を求められているんですか。

山崎　大きな組織を動かそうと思ったら、即戦力となる人がたくさんいないと成果が出ないから。さっきのＰ・ｊＢＬの話に戻していいますと、こっちに向かうぞという目標がわかっている時には即戦力が必要なんです。手を動かしてくれる人がいなかったらゴールまでたどり着けないわけですから。だけど、本当に問題なのはゴールがわからないということのほうで、それに気づいている人がどれだけいるかということじゃないかな。

八木　工学の特質として批判されることもありますが、工学という学問は、社会にある問題を解決可能なサイズに分類することが得意な学問分野だと思います。別の言い方をすると、すぐに成果がでる形に問題を再設定できる。それが意味のある問題解決につながるケースもちろんありますが、複雑化された社会の中で、早急に解決できる問題がほとんどないこともまた事実です。先ほどの山崎さんの指摘にもつながりますが、先にゴール設定をはっきりさせてそれに向かって方法と方法とを組み合わせたりすることで、一定の「解決」を行い、それを積みあげていこうとすることでわかりやすい成果を示してきた側面もあるわけです。

忘れもしない例を一つ挙げますと、七、八年前にＲＩＳＴＥＸ（社会技術研究開発センター）で、子どもの安全・安心をテーマにした大きな領域の研究会があって、その当時はＲＦＩＤタグ（注4）がブームでしたから、虐待防止や防犯対策として出てくる研究課題は、技術を活用するということが前提となれば、いかに街中に監視カメラを配置するか、そのデータをどう分析するか、そして緊急時の対応に結びつけるのかというものになります。この課題の設定の仕方が「適切」なのであれば、技術はその問題に対して「すぐに」解決策を提示することができます。しかしそこで、ある文化人類学者が手をあげて言ったんです。「現代において子どもの安全・安心に対する一番のリスクファクターが親であることは、各種の統計が物語っています。その観点からすれば、親の貧困問題を解決したほうが、子どもの安全・安心の向上に寄与すると思いますけど、壇上の皆さんはどう思われますか」と。その発言で、大きいホールが一瞬シーンとなりました。文化人類学者の方の発言の方が、本質をとらえていると言えますよね。一方で、そこに正面

から向き合うことには膨大な時間と人が必要になり、研究成果を出すという意味ではすぐに目に見えるものにはならない。

大事なことは、その両方の組み合わせが必要なのではないでしょうか。本質も大事である一方で、それだけを突き詰めすぎず、現状で開発可能な技術をつかって子どもを見守ることも考える。その両輪で考える方が、全体として、社会課題の解決に資する研究につながっていくと思うのです。

ほんま　まさしくそうですね。複眼的であることがなにより大切。

山崎　二〇一五年に採択された国連のＳＤＧｓ（持続可能な開発のための目標）の受容のされ方もそういう傾向が非常に強く見えますよね。ターゲットを絞って、「これを私たちはやっています。成果が出ました」と競って言いたがるけど、マクロに見ると特に大きな変化は起きていないとか、一個の問題の解決が別の問題とトレードオフになっていて、よけいひどくなることがあるということも言われ始めている。ターゲットを局所的に設定して、そこに資源を投入していくという意味で、よく似ています。

八木　しかも一度プロジェクトを始めると、いろんな諸条件に縛られて回し続けていかないとならないという慣性が強くて、もう止まれない。教育の話に戻すと、教育以前の外形的な状況に問題がある中で、正しく教育をするのは難しさが伴います。

山崎　今の例は、多分専門知識を学ぶとか、スキルを身につけるという発想に近いんですが、教養教育というのは本来そうではなかったはずです。何かわからないものに対してまさに向き合い続けるわけで「これじゃわかったことになってないよね」ということをきちんと確認するといったところに教養教育の魅力もあったはずなんだけど、最近、そこの線引きがすごく曖昧で、まるで職業訓練の効率を上げるような意味で使われています。文系の考え方を身につけたらもっと優れたエンジニアがつくれる、みたいな言い方に流れちゃっている。一面真理かもしれないけど、ちょっと教養の本質とは違う気はしますね。スキル教育と教養教育とは、マインドセットが違うと思うんですよね。

ほんま　どう違うんですか。

山崎　あらかじめゴールが見えているか見えていないかは、すごく違いがあると思う。

ほんま　デューイというアメリカの哲学者は、トレーニング（training）とエデュケーション（education）は違うと言っています。トレーニングは今でいうスキル教育ですね。エデュケーションは何かというと、体験と体験が結合することだと言うんです。要するに出会うということですよ。他者の経験が私の経験と接合し、私の経験が他者の経験と接合し、対話とか協働作業を通して、私が知り得なかった経験とか獲得していなかった視野を、相手の経験を借りて自分のものにすることができる。それが教育という意味だと言っているんですね、百年以上も前に。

だからスキルを学ぶことと体験することは全然意味が違う。COデザインセンターで私がなるべくスキルとかトレーニングという言葉を使わず「人と人とをつなぐ」と言っているのもそういうことなのです。問題を定めて、それを解くためのスキルを身につけるというところからは入らない。結果としてそれに触れる可能性はあるけれども、それは別の回路が学内にはあるから、人を通してその人が向き合っている問題を知るということが「体験する」ということなんですよ。だって、人は問題だけに直面しているわけじゃなくて、いろんな喜怒哀楽を感じる中で問題に触れているわけだから。「社会課題」ではなく、「人間の課題」を考えるべきです。

ハブとしての大学の役割

八木　最近の中学や高校を見ると、外形的には、すでに大学と似たような教育を結構やっていますね。

ほんま　それは課題ベースの教育ということですか。

八木　そう。課題を与えて、それについて自分たちで調べ物をして、場合によっては人にインタビューをしに行ったりして、それをポスターなどにまとめて発表する。そういうパターンの教育を、特に進学校と呼ばれる学校ではものすごくやっているし、指導も熱心なので、いま大学で提供できているその種の教育によるアウトプットよりも、中高生のそれのほうが、一見すると出来がよさそうに見えるものもあったりします。

山崎　それはよくわかります。最近、僕が衝撃を覚えたのは、駅のベンチのところに貼ってあった広告で、小学校入学前の幼児向けの塾なんですが、宣伝文句は「グローバル力、人間力、問題解決力を鍛えます」でした。超域プログラムのパンフレットにあるアドミッションポリシーとある意味そっくり（笑）。

ほんま　そういったトレーニングを受けさせられる子どもたちは気の毒ですね。

山崎　ただ、先ほどのお話でもあったように一度テンプレートのようなものができると、再生産することはそんなに難しくないんですよ。できあがったフレームをアレンジすればいいだけの話です。でも、それは教養教育というテーマで今議論していることとは、目指しているものが根本的に違う。ひょっとしたら大学のほうが混沌とし過ぎていて、まともな成果が出ないということもあり得るのですけれども、そこで学んでいること、経験していることは、全く質が違うと思います。

そういう意味でも、今大学でやっていることを一〇年後にも同じようにやっていたら、学生は頭で学ぶほうが早いので、「要するに先生が言いたいことってこれでしょう」と先回りして言われた瞬間に、教育効果は半減してしまいます。教育コンテンツのプラットフォームもどんどん情報化されて充実してきているし、課題ベースの教育だって、いちど形式が確立してしまえば、「似たようなこと」はどこでもできるというわけで。

ほんま　プロジェクト型とか問題解決型の学びというのは、それに参加する人が人生のどういうタイミングでその問題に出会うかが大事だと思うんですね。自分の持っている経験とか信念みたいなものをどう認識し直すかとか、その制限の中にある資源への別のアクセスみたいなところにいかに縛られているかということが十分に自覚されていれば、別にどの年齢になってもいいと思うんですよ。小学生だって家庭環境が違えば皆違いますから、小学生なりに考えられることがあると思います。

例えば、一〇年以上前に私が小学校で哲学の授業をしていた時、「人は皆平等か」という問いについてほとんどの子が平等だと言う中で一人だけ「いや、人の社会は平等じゃない。だって私はお母さん一人しかいなくて、ご飯を思うように食べられなくて、すごくひもじい思いをしている。だから平等じゃない」と言った女の子がいたんです。これは同じ場所にいて同じものを見ているようで、全然違う話をしているんですよね。問題というのはその人の生きてきた背景の中に浮かび上がるものだから、それを「ああ、そういう人がいるんだ」というふうにシェアできたら、それが教育になっていくわけですよね。

あるいは、妊娠や中絶の問題にしても男が考えるのと女が考えるのとは全然違うし、女の人の中でもいろんな人がいます。もともと生殖能力を持たない人も若干いるだろうということを前提にすると、みんな

が同じことを経験するわけじゃありません。また、中絶するにしても、一〇代でするのと二〇代でするのと三〇代でするのとでは、人生設計の上で考える問題のシビアさも全然違ってくるし、その時期に出した答えが普遍的なものであるわけがないじゃないですか。然るべきタイミングでどの問題に出会うかということも大事で、人と問題の組み合わせを有機的な仕方で結んでいくことが必要です。

すると、四〇、五〇歳ぐらいまでかけて人が成長していくという結構長い時間スパンを前提として教育というのを考えていかないといけない。今のような五歳から受験競争が始まって、二〇歳過ぎには教育が完成してというような古い考え方がいつまでも通るわけはなく、一〇代で学んだことは二〇代では生かせるけれど、三〇代になったらもう一度学び直して四〇代、五〇代をどう生きるかに備える。そして六〇代に入ってまた何かを学び直して七〇代、八〇代を生きるというふうに、段階的に学んでいかないとだめだし、二〇代の教育、三〇代の教育、六〇代の教育というふうに大学の中でシフトしていく体制が必要だと思いますよね。専門ではなく教養というところで言えば。

八木　教養教育という概念自体を大学の中にとどめておくことが問題なのか、あるいは大学という器にいろんな人が入り込んでいないのが問題なのか。どっちもですかね。

ほんま　裏表をなす同じ問題だと思います。大学が大衆化し、工学部がどんどんつくられていった時代では、一八歳から二〇代半ばまでを対象とした大学教育は工学、法学、医学とか分野を非常に限定すると、それは正しいんですよ。ただ、医者でも二〇代後半の医者ができることと四〇代の医者ができることは違う。それをどう考えるかですよね。

私は看護師の再教育に携わっているんですけれども、看護師さんは二〇代、三〇代、四〇代で全然違っていて、それぞれに課題がある。四〇代になると、看護の専門知識としては古い知識だけれども、そこにたくさんの患者さんを見てきたご自身の人生経験が加味されているんです。そこでこそ専門知識を学び直してステップアップすべきなんですが、大学院の専門看護師（ＣＮＳ）を養成するプログラムと、実際の看護師さんたちの経験の先にあるものが今はまだマッチしていないんですよ。これは専門教育の話ですが。

八木　多分、看護師さんだけじゃなくてエンジニアとか他の職業でもそういうところがありますよね。

ほんま　高校の先生もそうですね。私の提案の一つは、高等教育を今のように年齢で区切るのではなく、また社会人教育という言い方もやめて、人間が然るべき時期に問題に出会い、問題をともに解いたり、その難しさについて認識しながら問題を組み替えていくということを、広いスパンでやっていくこと。そのために大学という組織がどんなふうに生まれ変わることができるかという問いかけ方ができるんじゃないかなと思います。

それを全部大学で抱え込む必要はなくて、社会のいろんなセクションとつながっていけばいいんです。企業や学校、あるいは病院と大学がつながる場合は、そうした現場での制度や慣習では考えられないことをどうすれば考えることができるのか、あるいは、ＮＰＯや社団法人とともに誰とどのように問題を考えることができるのか。専門性と現場性の限界をともに見据えつつ、です。大学のハブとしての役割というのは、そういう意味でのハブだと思います。

山崎　その時に僕が答えを持ち合わせていないことの一つは、研究大学における教養教育の固有性というものが、ひょっとしたらあるかもしれないということです。先ほどの話を引き継いで言うと、病院の中における教養教育の可能性ももちろんある。実現はしないかもしれないけれど、本当はそういうものが大学の外にあって然るべきだと僕は思います。今は、教養教育はすべて大学でやってくれという話になっているわけですよね。だから何とか工面して外部からいろんなゲストを大学に呼んだりしているけれど、大学の社会的な意義なり強みって一体何かといった時、「何でもできます」という姿勢を取り続けることが本当にいいのか、正直よくわからないんですね。実態とかけ離れている部分もあると思う。

特に日本という文脈で考えると、日本の大学はもともと「ユニバーシティ」という成り立ちでできてないですよね。もちろん、大学における教養教育の役割と機能を拡張していくという方向もあるだろうし、ここは研究機関であり学術の場所であると規定して、そこでの高等教育なり高度教養なりの姿を打ち出すというあり方も考えられるのではないかなと。

ほんま　例えばどんな姿ですか。

山崎　僕の専門で言うと、文化人類学を学んできたからこそわかるようなパースペクティブがあったり、調査の手法があったり、概念があったり、歴史があったりして、それを求めている人たちがいるとわかった時には、そこにリソースを提供できることもあると思います。だけど、そういうことが問題にならない場面があることも同時にわかるので、その人たちにわざわざ「これが教養だ」といって押しつけることがいいことだとも思えないんですよ。一方で、例えばビジネスにも文化人類学的な考え方が必要だ、というような話を最近よく聞くのですが、そういう要請に応えることが大学の役割なのかということも考えてしまう。何もかもというのは、スーパーマンでもない限りできないだろうし、それこそやりだしたらどこまでも振り回されてしまう。そのあたり、議論の余地があるというか、これから考えないといけない問題なのだとは思います。

八木　教員自身が、そういう教育を受けてないですからね。

ほんま　今の話は要するに、高度汎用力というものがどうあるべきかという話ですね。

山崎　汎用力という言葉は英語でトランスファラブル・スキルズ（transferable skills）ですけど、その大元の意味は、自分が持っている専門性をトランスファー（移転）できる力なので、トランスファラブル・スキルというものが実体としてあって、それを手に入れるという話ではないんですよ。ですから、もともと専門性を持っていない人がそれを鍛えても何も起こらない。というか、空回りするだけだと思います。

八木　持っているものをトランスファーするという話と、要請されるものに応えるという話は、全く別の問題なのに、そこが混同されているということですね。

山崎　研究者とか科学者というのは、その限界がわかっているはずだと思いますけどね。できることとできないことの範囲を知るというのは学問の基本ですから。

ほんま　研究者や科学者は「できること」だけじゃなくて、「できないこと、しないこと」についても考える責任がある。一九世紀から二〇世紀初頭までの科学者はちゃんとサイエンスをやっていたので、「私はこの技術についてこのまま研究し続けて本当にいいのだろうか」というモラルジレンマを抱えていたわけですね。少なくとも当時のヨーロッパの中には、そういう知性があったと思うんです。

例えば最近だと不妊治療の一つに子宮移植を選ぶことができるけれども、そういう技術があることと、してていいかどうかという話は全然別問題であって、それを私たちが知ることによって引き受けなければいけない苦しみもでてくる。遺伝子治療も全部そうですけど、そういう問題はここまで複雑になってくると一つの分野の研究者だけでは対応できないということですよね。

「ディスカッション」と「対話」

ほんま　科学者はそういう過去から学んで、本当の意味で対話していくことが必要ですね。ＳＴ:ｉＰＳ（注5）では、そういうことをされているんですよね。

八木　ＳＴ:ｉＰＳの教育は、そういう側面もありますけど、超域プログラムとは違って副専攻科目であることを前面に打ち出しているので「まず専門をちゃんと学んで、その中で必要な自分たちの専門性をトランスファーして世の中に結びつけましょう」ということを謳っています。ですからいろんな対話や経験をさせる中で一番大事にしているのは、最後は、視点を自らの専門に戻すことです。雑多な体験を経た上で、「その社会問題に対して、多様なアプローチがある中で、あなたたちの専門性は何に寄与できると考えますか?」「逆に何に限界があると思った?」「ほかの専門と比べて相対的に何が強いと思った?　あるいは弱いと思った?」というような質問を投げかけて、それに対する暫定解を言語化させる時間を最後に必ず入れています。ＳＴ:ｉＰＳは、ほんまさんがいうところのさまざまな体験と体験をつなぐ共通教育であると同時に、専門に戻すというか、自らの専門性を自覚するための共通教育という側面が大きいのです。

ほんま　おもしろいですね。それはトランスファラブル・スキルじゃないですね。

八木　夏に対照的な二種類の授業を設けています。一つは政策立案を体験することができる「サマーキャンプ」（注6）で、東京に六大学の学生が集まって、さまざまな社会課題について調査し、最後は教員や文部科学省の職員の前で自分たちが考えた政策について、プレゼンテーションを行います。三日間の集中講義の中である程度の政策提言までもっていくので、早い段階で問題の切り口を整理し、その切り口に応じた実効的な政策立案を行うことが求められます。

もう一つの授業は、最終的な解決策の提案を全く求めず「この問題って一体何なんだろう」という、山崎さんがいうところの問題自体の定義を延々を続けるタイプの授業です。資料を読み込んで、そこから問題をポストイットで分類して考え、識者の話を聞いて、という外形的なところは同じなんですよ。でも、早めに問題を設定して解決にもっていくタイプの授業と、そうではなくて、ずっと問題を定式化し続けるタイプの授業が、同時に進んでいくので、両方経験した学生は最初、すごく混乱していました。でも、結果的にそれはそれで良かったかなと見ていて思いました。

ほんま　「対話」という言葉は、一つはこの本（『対話で創るこれからの「大学」』）に収録されているような人と人の会話という意味と、それだけではない意味がありますよね。今の話を聞いていて、そこをもうちょっとちゃんと定義したほうがいいかなと思います。

八木　一番こだわっていることは、ある問題をとらえる時に上滑りの知識で、問題をわかりやすく定義することではなく、自分自身の経験と結びつけて、その社会課題のありようを表現してほしいんですね。残念ながら、大学の中にいる学生の経験は画一的だから、問題の見方もインプットされた情報に振り回されやすいし、理論の幅の広がり方も学生だけだと限界がある。

山崎　でも、ゼロだったものが一になる時のインパクトは、三〇ぐらいのものが三一になる時のインパクトに比べて、ものすごくでかいと僕は思うんですよ。このゼロから一になるという感動をどんなに些細なことでもいいから一回経験すると、そのあとは割と自力でいけるところがある気もする。

八木　確かにゼロから一はものすごく大きいですね。

山崎　それは教育でやるべきことなのか、教育でできることなのかは、よくわからないですけど。

ほんま　いくつかの答え方があると思うんですけど、「限界を知る」というのを理屈の上で知るだけじゃなくて、例えば一つ一つの問題を解いたり資料を読む時に、そこに書かれている人とか対象になり得る人の顔とか、その人たちの歴史みたいなものを思い浮かべられるか。これは広く言うと社会的想像力ですが、そういう読み方は対話につながると思うんですね。

一方でディスカッションというのは、問題を切り出してきて制限時間の中で議論するわけです。その時、その場の全員が顔見知りの場合とそうじゃない場合とでは絶対、倫理的判断が異なってくるんだけど、そこはベールに包む。でも実際の私たちの会話は必ずしもそうやって判断するわけではないですね。みんな両義性を生きているんです。技術というものにはそういう側面が絶対あって、新たな技術によって恩恵を受けたり可能になったりすることを知ることと、それがある人の身に起こった時にどうするかということは、常に二層構造になっていて、人と問題を分けて考えていかなくちゃいけないわけですが、教育の現場ではどう対応されていますか。

八木　例えば、私自身は原子力を題材に授業を行うことが少なくないですが、福島第一原子力発電所で被害を受けた地域の復興などについて話すと、学生から「資産価値がない土地はあきらめた方が早くないですか。もっと便利な場所に住んだ方がいい」というような意見が出てくることはよくありますね。先祖代々の土地を手ばなせない、そこを離れたくない、そこに戻りたいと思う人たちがどうしてそう感じるかということを共有しようとする中で、直接的に「そこが、あなたの地元だったらどう考える？」というアナロジーはあまり通用しない。その状況に等身大の自分がいることを全くイメージできない学生に、ロールプレイのように、もしそこにいるのがあなただったら……と問いかけても、響かないというか。本当にリアルにそこにいる、その当事者になれるイメージがある課題と、今、教育プログラムの中で直面している課題とを「つなぐ」ことが不可欠であると同時に、それがうまくいく時といかない時がある。

ほんま　それを思考力だけで補うのはおかしな話で、そこで私の最初の前提に戻るわけですけど、なぜ大学に同じような経験やバックグラウンドの者たちだけが集められているのかというのは、国家の構造の問題じゃないですか。

福島の話にしても、都市出身の学生は先祖代々の土地なんて知らないから「この土地、どうする？」という感覚が全くないということでしょう。そこが一番切り込みにくいところだと思うんですけど、その人の生きてきた生きざまみたいなものが反映されているのが「対話」であり、そういう意味でディスカッションと対話は違うし、大学の内部で対話することの困難さは多分そういうところにある。大学とか教室をどんなふうに外に開いていくかについてもいろいろ選択肢があって、無制限に開かれていいかというと、それも難しいとは思いますが。

山崎　文化人類学を学んでいて思うことの一つは、わけがわからないものと向き合うというのは大事なことなんだけど、それは人によって何でもいいんですよ。異文化は案外近くにもあって、理不尽な親でも迷惑な隣人でもいい。飼っているペットでもいいし、病気になってしまった自分自身の体でもいいんだけれども、そういうことにちゃんと向き合って何らかの理解を得た人と、手頃な言葉を駆使して「これって要するにこういうことだよね」というふうに理解する人は全然違う。

　ほんまさんの言う「対話」というのは、向き合うということですよね。それは、自分自身が変わるということを含んだ経験だと思います。それを知っているかどうかによって、その先の伸び代が全然違うというか、周囲の対応の仕方も全然違ってくる気がします。

「知識」と呼んでいるものの多くは言語化されているし、言語化されているということはメタファーがきくので、「これってこの話ですよね」というふうに賢い学生ほど簡単に移しかえられちゃうんですよ。それはここで言っている「知識と知識をつなぐ」という話とはおよそ違う話で、ただ置き換えているだけです。

八木　そう言われると学生はすでにメタファーをきかすことに慣れているというか、「それは何とかの問題に近いですよね」みたいな反応がここ七、八年の間で結構増えてきている感じがします。

山崎　もちろんそれは合理的だし効率的でもあるので、最初はそれでいいですけど、どこかでぶち当たる壁がある。その時に結局理不尽なものと向き合わなきゃいけなくなって、そこで真価が発揮されるということなんだと思う。

　ＰＢｊＬも学生が一番成長するのはそこのポイントで、途中でつまずいた時にもう一度同じことを繰り返すのか違う方向に行くのかで、全然その先の見えてくる世界が違う。成果物のクオリティという問題じゃなくて、それこそ何を経験しているか、その中身が違うんです。

八木 理不尽なものと対話する、向き合い続ける。いいですね。

山崎 もともと文化人類学にとって、わからないものというのは、非近代的な社会とか、異文化でした。それが最近だと、自然環境、動物、技術だって、身近にあって、人間にとって理不尽な動きをするものだということに注目が集まってる。最近は気候変動の問題も注目されているので、気象が日常世界を構成する大事な要素で、まったくコントロールできていないということに敏感になりはじめています。だけど、それとちゃんと向き合おうという姿勢はあまりみえないし、下手すると頭で考えてコントロールできると思っている節もある。

動物の話をするのに人間のアナロジーでいけると思っちゃうんだけど、そこにもやっぱり限界があるということに気づくのはすごく大事なことです。本当はそこで初めて多様性に気づいたり、対話が起こるはずなんです。

ほんま おもしろいですね。引き合いにだされたような、わからないものに向き合うことは、文化人類学がたどってきた歴史でもあるんですね。

いかに当事者意識を生むか

ほんま 超域プログラムもＳＴｉＰＳもパートナーとしてはいろいろあるとして、私と授業のつくり方が違うなと思うのは、その二つは基本的にイニシアティブが大学の側にあるということですね。

私が「社会の臨床」(注7)でしようとしているのは、「共に考える」ということで、インクルージョンです。当事者がその問題をどう解いてきたか、どう考えてきたかということから何を学ぶかというふうにしているので、こちらから何かを提案することはしていません。理系の学生は圧倒的に少ないですけど、皆さん自分が大学で習ってきたこととは全然違うことを経験して、そこで一つの相対化が起こるし、それによって知識というものと人びとが生きている現場との関連性をもう一回考え直していくんです。相手は職業人が多いので、それが自分の職業選択とか働き方に統合されていけばいいなと思いますが、同じCOデザインセンターにいても大分違うことをしてますね。

八木　多様性はあっていいし、ほんまさんみたいな授業をST:iPSの中でもやってみたいと思いますね。

山崎　僕は、どっちかというと共通性を感じました。参加する人の当事者意識をどこに持っていくかということだと思うんですね。多くの学生にとっての当事者意識が何かといえば「私はこの研究科でこの勉強をしてます」というところに持っていかざるを得ないかなというのがあります。

八木　それは、学生みんなが持っている当事者性ですね。

山崎　僕は別のところで社会人相手にセミナーをやったことがあるんですけど、社会人でもそういう意識を持っている人と持っていない人がいるように思います。本当に当事者としての問題意識を持っている人と、ある意味若い学生と近い感覚でスキルを学びにくる社会人の両方がいて、そうかと思うと「実は私、このことがやりたいんです」と途中で言い出す人もいるので、そこの見きわめがちょっと難しい。

大学で「社会人も来てもいいですよ」と言った時には、わざわざ来るぐらいだから問題意識を持っている人が来ているのではないかという気もしますが、ほんまさんのモデルを広げようとした時に、すべての

人がそのモチベーションで来てくれるかどうか、ちょっとわからないところがあります。

ほんま　そうですね。大学の中でするのか、外でするのかは、大きな違いだと思います。

山崎　それはほんまさんがおっしゃった日本の大学生が均質的にみえることの問題でもあって、ちゃんと問題意識を持って学びたい人が大学に来ていれば、その問題はクリアされるはずですけど、実際はそうではないので。

八木　私が企業や自治体で研修をする時に一番時間をつかって頭をひねるのは、参加者全員が当事者感を持てるような設定にすることです。これが結構難しい。例えば原子力のリスクをどのように一般の人に伝えるかという議論をする際には、何か具体的な場面設定をするんですけど、皆さん小器用にはこなす。けれども、その場面が自分に直面しているというリアリティが持てないもの、つまり「当事者意識がないもの」だと、その場の上滑りの議論で終わってしまって、その人の日常、仕事の現場とか、そういうところに活きていく形で、内面化されない。だから当事者になるようにギリギリの場面まで追い込むんです。やはり「自分がやるんだ」と思って人は初めて学ぶんだと思います。

ほんま そこがプロジェクトの肝でしょう。

八木 当事者間の関係性と共有感のつくり方に一番気を使っている気がします。

ほんま プロジェクト型教育って、そこができるかどうかにすべてかかっているんじゃないですか。

八木 そこができると、結構できちゃう感じはしますね。「あなたのことですよ」と言った時に、「あ、自分のことか」と思うかどうか。

ほんま 話が変わるんですが、芸術もユニバーシティには必要だと私は思っているんです。確かに芸術とは知恵であって、中でも詩（ポエトリー）と演劇（ドラマ）は、人間の最も古い知恵であり、人文学的な知恵なんですよね。東西問わず三千年の歴史があるわけですから、そういう知恵に触れるべきです。

でもこんなに演劇はすごいとか詩はすごいということを対象として学ぶのではなくて、簡単に言うと、どんなに下手でも自分も詩をつくれるとか演じられるという主体的経験のほうが私は大事だと思っている。今はまだ芸術の力に触れて「こういうものが社会には必要だよね」で終わってしまうことが多いと思うんです。もちろん芸術に触れることで、もっと豊かに問題を見ることができるようになるとか、芸術家も常に社会に向き合って答えを出そうとしているといったことを学ぶことも必要ですけれども、教育としてはそこで止まらず「私なりにそれをできる」ところまで下ろさないとだめだと私は思っているんですよ。

本当の創造力を学ぶには、単に芸術の力を知るだけではなく、芸術を自分のものとして使えるところまで持っていきたいというのが私の目標です。もちろんそのやり方はいろいろあって、研究者が芸術家と協働で何かをするとか、芸術家と組んで実際にアートプロジェクトをやりながら地域に何かを提言していくこともいいと思います。それぞれのできることを足して、社会に何か回答を示していくのも一つの知のパターンだと思うけれども、より大事なのは芸術の中で働いている知恵をそれなりに自分のものにすることです。学生の学びとしてこれまでの話とつながっているのは、やはり当事者性を持つということですね。

山崎　研究論文においても基本的には同じです。自分の言葉で文章を書けるようにならなきゃいけないわけで、下手でもいいから自分のやってきたことの積み重ねをきちんと形にすることが大事なわけだから、もちろんコピペ（copy and paste）じゃだめ。偉い人の書いた本を読んで「すごい」とか言っているだけではだめですね。

ほんま　本書で私が対談した「価値をわたしたちのものにする」（第1楽章1）というテーマでは、まさにそういうことを話していたと思います。だから教育というものに対しても、受けるとか与えるという考え方から外れて、今、目の前の私という存在が自ら手を加えて自分のものにしていくプロセスなんだという認識を持たないと。

翻って、大学の教育プログラムを考えると、それは対話の場であり、私たちはこの対話の場をいかに学ぶ場に変えていけるか。例えば、授業の時に座っている椅子の座り心地の問題でも、部屋の空調が寒いか暑いかといった問題でも、それを授業アンケートでの「クレーム」にしてしまうのではなく、どうしてこういう椅子の形状なのか、人によって感じる温度の違いは何か、自分が感じていることと目の前の現実とを結びつけて考えることができる。どんな些細にみえる問題も、その場の授業の課題に結びつけて話し合うことができると私は思います。

すべての人の学びにつながる教育プログラムを

八木　課題には、今ほんまさんがおっしゃったような共同で解を見つけていくタイプのものと、居心地が悪いものを耐え忍ぶタイプと言いますか、向き合い続けることで状況とか環境が変わる時を待って、最終的に何かの解決につなげていくものがあって、特に後者はすごく大事な気がしています。苦しい状態をなんとか耐えて、すごくハッピーではないけれどもどうにかこうにかやっていくような力……。

ほんま　私の授業の目標もそこです。ある人たちが生きてきた、あるいは生き延びてきたシビアな状況は、おっしゃったとおり目の前のこれをこうすればこうなるというふうに動くことはないんだけど、それなりの力を使ってできることをやり、その状況に向き合う。それが一つの知恵であって、それを私は問題と解決という言い方ではなくサバイブする、生き延びる知恵、あるいはサバイバーの知恵と言いたいですね。それは文化でもあると思うんですよ。例えば大震災とか各地の台風被害とか、避けることができないものに対して私たちが振るまい続けてきたことで培われた、身体化された知恵というものがあります。そういうものから何を学ぶかということが、私たちがしようとしている対話の本質だと思うから、そういう局面において問題と解決という切り口で見ないことが大事な気がします。

八木　山崎さんがおっしゃった文化人類学の動向に関わる話もそのへんにつながりますね。要は課題を自分の力でコントロールすることがすべての解決ではなく、自分の力を超えたものとどういうふうに折り合っていくかという話です。

山崎　そういう課題は無視したって戻ってくるんですよ。いったん自分の頭の中から排除しても別の場面で突き当たるだけなので、いっそ向き合いましょうと。

八木　でも、それもものによりませんか。一見、排除できる課題と、天変地異みたいな明らかに排除できない課題がある。

山崎　確かにそうですね。例えば、いまの日本で、貧しさというものをまったく実感せずに育つことができてしまう。

八木　社会の中に問題があっても、どうやら自分は関係なく一生生きられそうだと言えそうなものもあるのがちょっとややこしい。

ほんま　でもその「関係ないこと」が自分がした選択ではなくて、誰かがそうしているんだ、社会の中でつくられたものであることに気がつくことはできます。SOGI（=Sexual Orientation and Gender Identity）（注8）の問題もそうですよ。性的指向や性自認が自分とは異なる人たちがいる、ということを知らないのは別にその人が望んで無知でいるわけではなく、無知にさせられてきたということで、無知だったと知らされることはものすごく居心地の悪いことなんですよ。じつは、無知であることにしてしまうというのは、当事者の経験の中でさえ起こるので、「ないこと」にして触れずに生きることはできます。これが、当事者がカムアウトできない最大の理由でしょう。それはサバイバルの知恵の一つでもありますが。当事者・非当事者を問わず、誰しもそのような問題の「箱」を抱えていて、話を聞くことによって「箱」の存在を知ってしまった場合、すぐに開けなくてもいいけれど、「箱」があることを覚えておくこと。それで当事者に共感するということが、もっとも大事なところだと思います。

そして「箱」を開ける場合は自分がずっと関われるものを選べばいい、というかそういうものしか選べないと思います。スーパーマンじゃないから、すべての人に共鳴するなんてことはありえない。どれに出会うかというのは運命みたいなものだし、そこはある程度偶然にまかせておいていい。でも、「私はこれにコミットする」という選択はしていいと思う。というか、明確にコミットすべきだと思いますね。

八木　ちゃんとコミットすると、他の問題のこともわかる。

ほんま　そうなんですよ。そういう意味では、あれもこれもじゃなくて、目の前の一つのことに、それなりに深く、しかも専門性を捨てずにコミットしていくという選択はしてほしいと思います。もちろん、見たくないものの「箱」もつくっておく。存在に気づくということが、その人と対話するということと本質的につながっているからです。

八木　無力であることに対して耐えるのも大事ですものね。こんなことがあるのに自分にはなにもできないというのを抱えるのも大事なこと。

山崎　今の話は、僕としては授業のつくり方につながっていて、ＰｊＢＬの最大の悩みは、どのタイミングで学生の取り組みに介入するかということなんです。それは当事者がどこまで耐えられるかという問題でもあるんですね。自力でできるのであれば、信用してほっとくのが一番いいんだけれども、停滞して同じところをぐるぐる回り始めて、さすがにこれは無理かなという状況になったら助け船を出すことになります。その助け船をどこでどんなふうに出したらいいのか。早すぎると先回りすることになるし、遅すぎると手遅れになる。そのポイントを見極めるのが、教員がいることの意義かなと思ったりもするんですけど難しい。教育は、どうしたってパターナリズムから逃れられないので。

ほんま　そこは複数体制が大事ですね。教員が複数であるのはもちろんのこと、一歩先に進んでいる

TA（Teaching Assistant）の存在もすごく大きいと思います。

山崎　まさにそうです。学生も教員の役割を理解しているから本音をしゃべらなかったり、よくできているところを見せようとしたりすることもありますからね。

ほんま　一歩先を歩いている人たちの助けがあるということが大事だし、さらにしんどい問題に突き当たった時にはピア（注9）からいろんな知恵をもらうこともできるでしょう。ただ、その場合は別にファシリテーターみたいな存在が絶対必要です。まさに教育の役割ですね。

そこで、教員だけがつくっていく教育プログラムではなくて、さまざまなレベルから学びというものをうまく保証していく、すべての人にとって学びになるようなプログラムをどうやってつくっていくか。教員自身もそこから何を学ぶかというところが、本当は一番大事だと思います。教育は生ものですから。

八木　目の前にいる学生をちゃんと見ていたら、まだまだできることがいっぱいありそうですね。ありがとうございました。

(注)

注1：超域イノベーション博士課程プログラム
　大阪大学が二〇一二年度から開設している大学院の特別教育プログラムの一つ。社会システムの変革に至るイノベーションをさまざまな境域を超えて導いていくことができる高度人材の養成を教育目標に掲げている。ウェブサイトは http://www.cbi.osaka-u.ac.jp

注2：P-jBL（PBL）【Project Based Learning】
　具体的な課題をたてて少人数グループでプロジェクトを完遂させる主体的で実践的な学習手法。

注3：「超域イノベーション総合」

高度汎用力の育成（課題設定・解決能力の修得）をめざす超域イノベーション博士課程プログラムの三年次に行う長期のプロジェクト型授業。

ウェブサイトは http://www.cbi.osaka-u.ac.jp/innovation-core

注4：RFID【Radio Frequency Identifier】

ID情報を埋め込んだタグから電磁界や電波などを用いた近距離の無線通信によって情報をやりとりする技術。

注5：STiPS（副専攻プログラム／高度副プログラム「公共圏における科学技術政策（STiPS）」）

科学技術に関わる社会的な課題について、専門外の人びとにどのように伝えるべきか、どのような知識に基づいて考えるべきか、課題解決に向けた公共的な意思決定に誰が参加すべきかを、科学技術コミュニケーションや人文学・社会科学の観点から学ぶことができるプログラム。

注6：「サマーキャンプ」

科学技術イノベーション政策における「政策のための科学」基盤的研究・人材育成拠点の拠点間共同プログラムの一つとして毎年夏に実施されているもので、政策研究大学院大学、東京大学、一橋大学、大阪大学、京都大学、九州大学から、教員や学生が参加する。

注7：「社会の臨床」

大阪大学COデザインセンターが高度副プログラムとして行っている教育プログラム。ウェブサイトは https://www.cscd.osaka-u.ac.jp/program/ad-clinical.html

注8：SOGI【Sexual Orientation and Gender Identity】

性的指向（Sexual Orientation）と性自認（Gender Identity）の頭文字からとった人の属性を表す略称で、異性愛の人なども含め、すべての人が持っている属性をさす。

注9：ピア【Peers】

同じような状況にある人同士、または、同じような課題に直面する人同士のこと。

「おわりに」にかえて

本書は、大阪大学COデザインセンターが、二〇一七年度から二〇一九年度にかけて、〈高度教養・高度汎用力〉の教育のあり方について、大阪大学の内外でさまざまな方々と対話をし、考え続けてきた記録です。二〇一七年に発行した『対話で創るこれからの「大学」』の続編として、COデザインセンターが提供する教育プログラム内容や、そのプログラム開発において得られた知見を、実際の社会課題に向き合う現場と結びつけることを念頭におきつつ、編集しました。ここに描かれたさまざまな〈つながり〉を創りだす術が、さまざまな学びの現場にいる、そして日本社会における学びのあり方を考えようとする読者の皆さんの参考になりましたら幸いです。

本書を作成するにあたっては、たくさんの方々にお世話になりました。特に、ナレッジキャピタル超学校「対話で創るこれからの『大学』」の実施に当たっては、一般社団法人ナレッジキャピタルの皆さまから多くのご支援をいただきました。
また、本企画の趣旨に賛同頂き、お忙しい中ご登壇いただいた皆さまがいなければ、本書を世の中に送り出すことはできませんでした。当日会場に足をお運びいただき、一緒にモヤモヤと考えを深めてくださった参加者の皆さまにも深く感謝しております。皆さんとの出会いがなければ、本書を上梓することも、またそれ以上に私たち自身も、深い学びを得ることはできなかったと考えています。

表紙・扉デザインを引き受けていただいた倉澤洋輝さん、当日の写真撮影を引き受けてくださった井上嘉和と成田舞さん、編集作業の支援をご担当いただいた石川泰子さん、企画の相談にのっていただいた辻邦浩さん、本当にありがとうございました。また、前書に引き続き、伴奏者の役割を務めてくださった大阪大学出版会の川上展代さんにも感謝申し上げます。

八木 絵香

水町 衣里

本書は、２０１７〜２０１９年度に大阪大学ＣＯデザインセンターが実施した７つの対話の記録を元に構成したものです。７つのうち６つの対話は、ナレッジキャピタル超学校 大阪大学ＣＯデザインセンター×ナレッジキャピタル「対話で創るこれからの『大学』」シリーズとして行われたものです。これらの対話は、「第1楽章 既存の価値を『とらえなおす』」「第2楽章 答えのない課題に『向き合い続ける』」に収録されています。残り1つの対話は、「ナレッジキャピタル大学校」内の一講座として実施された「一頁だけの読書会」です。これは「間奏 一頁だけの読書会「対話で創るこれからの『大学』」」として収録しています。

対話の概要は次の通りです（登壇者についての情報は対話イベント開催時のもの）。

ナレッジキャピタル超学校 大阪大学ＣＯデザインセンター×ナレッジキャピタル「対話で創るこれからの『大学』」

主催：一般社団法人ナレッジキャピタル、株式会社ＫＭＯ、大阪大学ＣＯデザインセンター
共催：公共圏における科学技術・教育研究拠点（ＳＴｉＰＳ）
会場：ＣＡＦＥ Ｌａｂ.（グランフロント大阪 北館 ナレッジキャピタル１Ｆ）

２０１７年度

第１回 価値をわたしたちのものにする

日時：２０１７年８月２日（水）19時〜20時30分
大西 景子（ＢＯＸ＆ＮＥＥＤＬＥ 代表／ラーニングデザイナー）
ほんま なほ（大阪大学ＣＯデザインセンター 准教授）

第２回 あたりまえを疑って本質に迫る

日時：２０１７年８月30日（水）19時〜20時30分
中台 澄之（ビジネスアーティスト／株式会社ナカダイ 常務取締役／モノ：ファクトリー 代表）
山崎 吾郎（大阪大学ＣＯデザインセンター 准教授）

第３回 「視座」を変えてみえる世界

日時：２０１７年10月５日（木）19時〜20時30分
小川 勝章（作庭家・植治次期十二代／御庭植治株式会社 代表取締役）
平田オリザ（大阪大学ＣＯデザインセンター 特任教授／劇作家・演出家）

2019年度

第1回　「わからないこと」を楽しむ

日時：2019年6月18日（火）19時～20時30分

竹内　慎一（NHKエデュケーショナル教育部 プロデューサー）

橋本　幸士（大阪大学大学院理学研究科 教授）

第2回　異なる文化のあいだに立つ

日時：2019年8月5日（月）19時～20時30分

山田小百合（NPO法人Collable 創立者・代表理事）

辻田　俊哉（大阪大学COデザインセンター 講師）

第3回　「できない」を「できる」に変えていく力

日時：2019年10月1日（火）19時～20時30分

広瀬浩二郎（国立民族学博物館グローバル現象研究部 准教授）

渥美　公秀（大阪大学大学院人間科学研究科 教授）

（司会・コーディネーター）

八木　絵香（大阪大学COデザインセンター 准教授）

（企画）

八木　絵香（大阪大学COデザインセンター 准教授）

水町　衣里（大阪大学COデザインセンター 特任助教）

「ナレッジキャピタル超学校」：

グランフロント大阪（大阪・梅田）の中核施設「ナレッジキャピタル」が大学や研究機関・企業と共に企画・開催しています。

一般生活者と大学や企業、研究機関などさまざまな分野の研究者が一緒に考え対話するプログラムで、会議室での授業形式ではなく、開放感のあるカフェ空間でドリンクを飲みながら受講できるのが特徴です。

ナレッジキャピタルならではのプログラムとして、これまでにも「大阪大学」「京都大学iPS細胞研究所」「関西大学」「慶應義塾大学院メディアデザイン研究科」「国立民族学博物館」「大阪芸術大学」「JAXA」などと共同開催し、一般の参加者と研究者をつなぐ場と機会を提供しています。

二頁だけの読書会「対話で創るこれからの『大学』」(「ナレッジキャピタル大学校」内)

日時：2018年4月18日(水) 14時〜14時50分
講師：八木 絵香(大阪大学COデザインセンター 准教授)、水町 衣里(大阪大学COデザインセンター 特任助教)
講座の主催：大阪大学COデザインセンター
講座への協力：大阪大学経営企画オフィスURA部門
会場：グランフロント大阪 北館 ナレッジキャピタル 地下2階 ナレッジキャピタル コングレコンベンションセンター

「ナレッジキャピタル大学校」：
2018年4月に5周年を迎えたナレッジキャピタルが、学校や社会の枠組みを超えた新しい学びの場となることを目的として開催したもので、2日間で100コマを超える講義が開催されました。
基調講義のほか、企業や研究機関などの参画者によるプロダクト展示や巨大造形アート展示、アートと最先端技術を融合させたデジタルパフォーマンスなど、多彩なプログラムが実施されました。

〈つながり〉を創りだす術
―続・対話で創るこれからの「大学」―

発行日　2020年2月28日

監　修
大阪大学COデザインセンター
センター長　松繁　寿和

企画・編集
八木絵香　水町衣里

編集協力　石川泰子　小林万里絵　森川優子
デザイン　倉澤洋輝
写真撮影　井上嘉和　成田舞

発行所
大阪大学出版会
代表者　三成 賢次
〒565-0871　大阪府吹田市山田丘2-7　大阪大学ウエストフロント
電話　06-6877-1614　　FAX　06-6877-1617
URL　http://www.osaka-up.or.jp

印刷・製本
株式会社　遊文舎

ISBN　978-4-87259-707-3　C0037